수능역전

서울대생 이병훈의 6개월 공부멘토링 Mentoring

너도할수있어

수능역전 너도 할 수 있어

펴 냄 2009년 11월 20일 1판 1쇄 박음/ 2009년 11월 25일 1판 1쇄 펴냄
지은이 이병훈
펴낸이 김철종
펴낸곳 (주)한언
        등록번호 제1-128호 / 등록일자 1983. 9. 30
주 소 서울시 마포구 신수동 63-14 구 프라자 6층(우 121-854)
        전화. 02)701-6616(대) / 팩스. 02)701-4449
책임편집 오상희
디자인 정현영, 양미정, 백은미, 김영민
홈페이지 www.haneon.com
이메일 haneon@haneon.com
· 이 책의 무단전재 및 복제를 금합니다.
· 잘못 만들어진 책은 구입하신 서점에서 바꾸어 드립니다.

ISBN 978-89-5596-555-1 43370

수능역전

서울대생 이병훈의 6개월 공부멘토링 *Mentoring*

너도할수있어

이병훈 지음

한음

이제 여러분의 무한한 잠재력을 펼칠 차례입니다.

‘고3인 너에게’ 를 출판한 후 이메일을 통해 여러 독자들의 의견과 문의 사항을 접했습니다. 진로 상담에서부터 교재 선택법까지 전반적인 수험 생활에 대한 다양한 문의였지만, 그 중 대다수는 책에 수록된 영역별 공부법을 더 상세히 물어보는 내용이었습니다.

영어 단어를 많이 아는데도 독해가 잘 안 된다는 이야기, 수학 오답노트의 활용법에 대해 더 구체적으로 문의하는 학생, 그 수많은 과목들을 어떻게 공부하면 좋으냐는 질문 등, 각 학생의 고민과 궁금함이 듬뿍 담긴 생생한 내용이었지요. 읽다 보면 제 학창 시절의 막연함과 답답함이 떠올라 어느 것 하나

소홀히 지나칠 수가 없었습니다. 그와 동시에 학생들의 요구에 부응하여, 보다 더 상세한 공부법에 관한 책을 집필하고 싶은 생각이 들었습니다. 숲을 그리기 위해 지나쳐야 했던 각 나무의 특성을 그려낼 필요가 있었지요. 무엇보다도 단순한 공부법을 전달하기보다는, 각자의 무한한 가능성과 비전의 중요성 등 공부 자체보다 더 소중한 것들을 이야기하고 싶었습니다. 각 개인이 지닌 고유한 재능과 비전을 바탕으로 공부할 때 온전한 능력이 발휘될 수 있다는 사실을 깨달았기 때문입니다.

저는 군 복무를 마친 뒤 취업 전까지 집 근처에 살았던 사촌 동생과 함께 석 달간 수업을 했습니다. 사촌 동생과 시간을 정하고 정기적으로 만나며 이전에는 전하지 못했던 여러 이야기를 나누었습니다. 내신, 수능 준비뿐 아니라 대학 시절에 경험한 삶의 의미와 목표를 나눌 수 있었지요. 제가 수험 생활 동안 겪었던 시행착오를 바탕으로 하여, 사촌 동생은 이를 반복하지 않기를 바라는 마음으로 최선을 다했습니다. 그 3개월 동안 겪었던 이야기를 하나씩 정리하며 한국에서의 수험 생활과 관련된 여러 생각을 해보았습니다.

감수성이 풍부하고 꿈이 많아야 할 시절, 기쁨과 희망으로 공부를 하기보다는 압박감과 두려움 속에서 수험 생활을 보내는 학생이 너무 많기에, 영역별 공부 요령 및 내신 준비법을 알고 준비하기보다는 그저 맹목적인 흐름을 쫓아가는 학생이 대부분이기에, 사촌 동생과 같은 어려움을 겪고 있는 그들에게 행복한 수업과 공부법이 큰 도움이 될 것이라고 생각합니다.

책 속의 주인공인 홍민이는 이제 막 고2로 진학한 학생이지만, 중학생도 쉽게 공감할 수 있도록 최대한 보편적인 내용을 담고자 노력하였습니다. 또한 수능시험을 겪으면서 깨달았던 생생한 노하우를 전달하는 수업이기에 수능이나 내신 등 성적 관리에 있어 감을 잡지 못하고 방황하는 고1, 또 수능을 코앞에 둔 예비 고3 학생들에게도 많은 도움이 될 것입니다.

많은 분들의 도움이 있었기에 이 책이 나올 수 있었습니다. 제가 작가로서 성장할 수 있도록 지원과 격려를 아끼지 않은 조우석·김현정·이승환 작가님, 자기 일처럼 최선을 다해 퇴고를 도와준 박정은 양에게 고마움을 표하고 싶습니다.

여러모로 부족한 원고이지만 이 책을 통해 학생들이 결코 늦지 않았다는 사실을 깨닫고 스스로의 가능성을 발현하기 위해 탐구할 모습을 소망합니다.

2009년 11월 저자 이병훈

차 례

| 들어가며 |

| 프롤로그 | 공부가 행복할 수 있을까

1_ 변화하는 1%가 되는 법

- 대학 캠퍼스를 방문하다 ·· 25
- 뚜렷한 목표가 수험 생활을 이끈다 ································· 30
- 네 안에 잠든 거인을 깨워라 ·· 33

2_ 단계적으로 성적을 향상시키는 법

- 모의고사는 모의고사일 뿐이다 ······································ 45
- 하루에 1%씩 향상시키자 ··· 50
- 성적 향상을 위한 세 가지 준비물 ································· 54

3_ 내신 준비 필승 비법

- 절대로, 절대로 포기하지 말라 ······································· 67
- 무조건적 암기가 능사가 아니다 ····································· 70
- 내신 정복을 위한 3주 간의 계획을 세우자 ···················· 80

4 _언어 영역의 고수가 되는 법

• 언어 영역, 지속적인 시간 투자가 필요하다 …………………… 87

• 출제 분야 파악으로 공부의 전략을 수립하자 ………………… 91

• 문단 요약 연습은 독해력 향상의 지름길이다 ………………… 97

5 _수리 영역과 친해지는 법

• 수학의 기초 개념을 확실히 다지자 ……………………………… 109

• 올바른 문제 해석이 문제 풀이를 좌우한다 …………………… 114

• 수학의 내공은 무수한 시행착오를 통해 길러진다 …………… 118

6 _외국어 영역의 달인이 되는 법

• 문법은 의사소통을 위한 규칙에 불과하다 …………………… 129

• 교과서 읽기를 통해 영어의 기초를 다지자 …………………… 133

• 단어와 독해 실력이 외국어 영역을 좌우한다 ………………… 140

7 _ 수리탐구Ⅱ 영역을 효과적으로 정복하는 법

• 현명한 과목 선택은 수리탐구Ⅱ의 첫 걸음이다 ·················· 153

• 좋아하는 과목을 중심으로 몰입하자 ······························ 159

• 통합적 사고와 자료 해석은 수리탐구Ⅱ의 핵심이다 ············· 163

• 과학탐구도 흐름과 원리로 접근하라 ······························ 174

8 _ 정말 하고 싶은 일을 찾는 법

• 대학 입학은 인생의 종착점이 아니다 ····························· 185

• 세 가지 원으로 너만의 꿈을 찾아라 ····························· 192

• 좋아하는 것은 즐거워하는 것만 못하다 ························· 198

| 에 필 로 그 | 나의 꿈은 세상을 향해

공부가 행복할 수 있을까

"홍민아, 어서 일어나야지? 늦겠다."

이른 아침부터 엄마의 목소리가 내 귓가를 파고들었다. 수업이 없는 토요일이라 모처럼 늦잠을 자려고 했지만, 사촌 형의 전역식 때문에 나는 침대에서 일어나야만 했다.

"엄마, 5분만 더 잘게요."

이불을 머리끝까지 덮고 웅얼거리는 목소리로 이야기했지만 엄마의 목소리는 단호했다.

"홍민아, 안 돼. 5분만 지각해도 부대 내로 못 들어간다고 했단 말이야. 어서 씻고 준비해야지."

엄마는 말이 끝나자마자 내 품에서 이불을 빼앗았다. 나는 무겁게 잠긴 눈을 비비며 일어났다. 생각해보니 벌써 2년이 훌쩍 지나가버렸다. 그 사이 형은 군대에서 제대를 하고, 나는 고등학교 2학년이 되었다. 시간은 정말 빨리 지나갔다. 형은 군대에 있을 때 수험 관련 책도 출판하고, 교회에서 강연도 몇 차례 했지만 나는 아무것도 해놓은 것이 없었다. 철저한 예습, 복습으로 내신과 수능이라는 두 마리 토끼를 잡겠다는 처음의 다짐은 먼발치로 사라진 지 오래고, 방 안에 가득한 판타지 소설과 만화책만이 나의 지난 2년을 보여주고 있었다. 친척들의 기대를 한 몸에 받으며 학창 시절 내내 우등생으로 지냈던 형을 떠올리며 부러움과 함께 나도 모르게 안타까운 한숨을 내쉬었다.

'나는 도대체 왜 이럴까? 내가 그때 형이랑 공부만 계속했어도.'

형은 군 입대 전 나의 멘토가 되기를 자처하며 나에게 이런 저런 조언을 해주었다. 특히 중2 겨울방학 때는 엄마의 부탁을 받고 찾아온 형이 영어를 가르쳐주기도 했다. 그렇지만 당시 온라인 게임에 푹 빠져 있던 나는 '혼자 힘으로 다 할 수 있다'고 큰소리를 치며 형과 엄마를 설득했고, 그 누구에게도 방해받지 않는 겨울방학을 획득할 수 있었다. 덕분에 온라인 게임의 레벨은 상승세를 이어갔지만, 성적은 반대 곡선을 그리게 되었다. 한번 떨어진 성적은 쉽사리 오르지 않았고 나는 문자 그대로 허송세월을 보냈다. 부모님의 꾸중과 다그침 속에서 반항도 하고 '공부하기 싫다!' 며 소리도 질러보았지만, 아마 그 누구도 모를 것이다. 낮은 점수의 성적표를 보며 가장 많이 애간장을 태우고, 좋은 성적을 받고 싶어한 사람은 바로 나 자신이라는 사실을.

어제 저녁 엄마와 이모의 대화를 듣던 중, 형이 전역식을 한다는 이야기를 들었고, 나는 슬쩍 이야기를 꺼내놓았다.

"엄마, 나도 내일 형 전역식에 가면 안 될까?"

전화 통화를 마친 엄마가 인상을 쓰며 말씀하셨다.

"너는 또 웬일이니? 언어 학원은 어떡하려고?"

전역식을 핑계 삼아 언어 학원을 빠지려는 내 속셈이 드러난 것 같아 얼굴이 달아올랐지만 애써 천연덕스러운 표정을 지으며 대답했다.

"이번엔 문제풀이 시간이라 괜찮아. 평생 한 번뿐인 형 전역식인데 가서 축하해주면 좋잖아. 그리고 이참에 형 만나서 고3 생활에 관한 조언도 듣고 각오를 새롭게 하려고."

성난 표정을 짓던 엄마의 얼굴이 누그러졌다.

"이제서야 정신을 좀 차린 거니? 알았어. 형도 네 소식 궁금해하던데. 대신 내일 일찍 일어나야 된다?"

"알았어! 걱정 마."

나는 큰소리를 치며 나의 방으로 향했다. 그러나 부모님이 잠든 사실을 확인하고 다시금 컴퓨터 앞에 앉았다.

'이럴 줄 알았으면 어제 일찍 잘걸.'

게임에 몰두해 시간 가는 줄 몰랐던 내 자신을 원망하며 힘 겹게 집을 나섰다.

형은 부대 앞 게이트에서 우리를 맞아주었다. 군복 입은 형의 모습은 무척이나 늠름해보였다.

"홍민아, 정말 오랜만이다. 2년 동안 정말 많이 컸구나. 이제 벌써 고등학생이네?"

"네. 형이 훈련소 들어갈 때 보고 처음이니까요. 형은 변한 게 별로 없네요?"

"그래? 그러면 다행인걸. 2년 동안 많이 변해서 홍민이가 못 알아보면 어쩌나 싶었거든. 어서 들어가자."

형은 반갑게 웃으며 우리를 전역식 장으로 안내했다. 전역식은 예상과는 달리 짧게 끝났다. 전역식 종료 안내와 함께 영화 속 한 장면처럼 군인들이 한꺼번에 모자를 하늘로 날려보내는 장면이 매우 인상 깊었다. 형 역시 전역의 기쁨을 감추지 못하는 듯했다. 집으로 오는 길에 나는 형과 함께 차 뒷자리에 앉아 이런저런 이야기를 했다. 2년 만에 봤는데도 낯설지 않았다. 형은 한참 동안 군대 얘기를 한 뒤, 나의 근황을 물었다.

"고등학교 생활은 어때? 좀 할 만하고?"

"아니요."

내가 시무룩한 표정으로 고개를 힘없이 저으며 대답했다.

"그래? 무슨 문제 있어?"

앞에서 운전을 하던 엄마가 갑자기 끼어드셨다.

"병훈아, 말도 마라. 중학교 때는 좀 나오던 성적이 고등학교 올라오니 뚝뚝 떨어지는 거 있지? 고등학교 들어가서도 벼락치기로만 공부하니 성적이 잘 나올 리가 없지. 그렇게 벌써 1년이 지났어, 얘 이래서 앞으로 뭐가 될지 모르겠어."

"엄마! 도대체 왜 그러시는 거예요. 저도 열심히 하고 있다고요."

나는 억울하다는 듯이 엄마에게 소리를 꽥 질렀다. 옆에서 듣고 있던 형이 엄마를 진정시키며 이야기했다.

"이모, 아직 고2 초반이잖아요. 괜찮아요. 시간은 충분해요."

난 이때까지만 해도 형의 말은 귀 기울여 듣지 않았다. 그저 엄마에게 희망을 주기 위한 빈말이겠거니 생각했다.

집에 도착한 엄마는 전역한 형을 위한 점심 준비로 바빴다. 나는 그 틈을 타 형과 좀 더 깊은 이야기를 나누고 싶었다. 내 방에 들어온 형은 공부한 흔적이 없는 내 책상을 물끄러미 쳐다보더니 요즘 공부를 어떻게 하고 있느냐고 물었다. 한참을 고민하던 나는 형에게 현재 상황을 솔직하게 털어놓았다.

"형, 요즘 집중이 잘 안 돼요. 공부를 하려고 책상에 앉아도, '내가 지금부터 열심히 한다고 해서 잘 할 수 있을까?' 하는 생각이 저를 계속 괴롭히거든요. '내가 고1 때 왜 이렇게 공부를 안 했을까?' 하고 후회하면 할수록 공부는 멀어지고, 자꾸 컴퓨터 앞에 앉게 돼요."

내가 한숨을 쉬며 얘기했다.

"요즘 심리적으로도 많이 힘들겠구나."

형이 내 등을 토닥거리며 이야기했다.

"홍민아, 그런데 지금도 결코 늦은 시기는 아니야."

형의 목소리는 확신에 찼고 나는 어리둥절한 표정으로 형에게 다시 물었다.

"정말이요? 그런데 고3이 되는 내년 3월까지는 이제 1년도 안 남았잖아요? 선생님들은 '고등학교 3월 모의고사 점수가 수능까지 이어진다'고 말씀하시는데, 지금부터 1년간 열심히 한다고 해서 좋은 성적이 나올까요?"

"3월 모의고사가 수능까지 이어진다는 말은 나, 아니 나보다 훨씬 위의 선배부터 이어져왔던 말이야. 그리고 그 말은 대부분 사실이야."

형의 말이 내 가슴을 파고들었다. 혹시나 하던 희망이 순식간에 사라지던 찰나였다.

"그런데, 이 말에 해당하지 않는 친구들도 분명히 있어. 전체 학생 중의 10~20%나 될까?"

"그 정도 밖에 안돼요?"

"응. 우리는 각자의 공부 패턴과 습관을 갖고 있잖아. 이 습관들은 지난 18년 동안 네 몸에 배어 있는 거라, 고3이 되었다고 해서 쉽게 고쳐지지 않거든. 때문에 3월부터 수능까지 조금의 점수 차이는 발생할 수 있지만 등수는 그대로 유지되기 마련이야.”

불현듯 궁금증이 생긴 나는 형의 말을 끊으며 물었다.

“형, 그러면 그 변화한다는 학생들은요? 도대체 어떻게 그렇게 될 수 있는 거죠?”

“그래. 그 질문이 나와야지.”

형은 웃으며 말을 이어나갔다.

“보통 두 가지 경우가 있어. 첫 번째는 고3이 된 뒤 심기일전하여 공부를 열심히 하는 경우지. 고3이 되면 누구나 열심히 하겠다고 다짐을 하기 마련이야. 그런데 이 다짐을 실천으로 옮기는 친구들은 많지 않아. 사실 이러한 열정과 다짐은 개학 후 한 달을 넘기기가 어렵거든. 공부를 해도 잘 이해가 되지 않고, 학교 수업도 지루하게 느껴지면서 점차 공부에서 흥미를 잃게 돼. 그에 비해 공부해야 할 분량은 점점 많아지지. 하지만 결국 성실하게 꾸준히 공부를 하는 친구들만이 좋은 성적을 거두더라고. 내가 고3 때 반에 10등 정도로 들어온 친구가 있었어. 수업도 열심히 듣고 방과 후 야간자습도 꾸준히 하더라고. 그러더니 중간고사 때 7등으로 뛰어올랐어. 기말고사 때는 5등을 했고, 2학기 중간고사 때 3등까지 치고 올라왔지. 수능에서는 반에서 2등을 했고 결국 원하는 연세대학교에 합격했어."

"그런 일이 실제로 존재하네요? 그러면 두 번째 경우는요?"

"두 번째 경우는 열심히 공부하던 친구들이 이전의 방법보다 더 효과적인 공부 방법을 체득하는 경우야. 책상에 오래 앉아 있는 것보다 더 중요한 것이 얼마나 효과적으로, 전략적으로 시간을 활용하느냐 하는 거야."

"전략이요? 게임 할 때 사용되는 그런 전략 말하는 거예요?"

"그렇지. 그거랑 큰 차이는 없으니까."

형은 게임을 좋아하는 나를 안다는 듯 웃었다.

"홍민이도 스타크래프트 좋아하지? 스타크래프트 할 때 가장 초점을 두는 부분이 뭐지? 주어진 지리적 환경과 자원을 최대한 전략적으로 행동해서 '승리'라는 목표를 달성하는 거잖아? 대학입시도 마찬가지야. 먼저 목표를 잘 설정하고 시간 자원을 잘 활용해야 돼. 시간을 잘 활용하지 못하는 건 스타크래프트에서 자원이랄 수 있는 미네랄을 활용하지 않고 놔두는 것과 똑같거든. 그렇게 매일 1%씩만 변화해도 그 결과는 엄청난 거지.”

형의 설명에 내 머릿속이 더 복잡해졌다.

“형, 그러면 도대체 저는 어떻게 해야 되는 거예요? 아직 목표도 없고, 어떻게 공부해야 될 지도 모르겠어요.”

형은 한동안 골똘히 생각하더니 무언가 좋은 생각이 떠올랐는지 얼굴에 미소를 활짝 머금고 나를 쳐다보았다.

“홍민아, 그러면 하나씩 차근차근 진행해보자. 형이 인턴 활동을 시작할 6월까지는 달리 하는 일이 없거든. 형이랑 같이 공부해볼래?”

형의 제안에 매우 놀랐지만 나는 한 치의 망설임 없이 좋다고 대답했다. 형과 함께 공부하면 왠지 지금과는 분명히 달라질 것 같았기 때문이다.

“좋아. 그런데, 형이랑 공부하려면 반드시 지켜야 할 조건들이 있어.”

“조건들이요? 뭔데요?”

멈칫하는 내 표정을 보았는지 형이 나를 안심시켰다.

“조건이라고 해서 거창한 건 아니야. 기본적인 두 가지 사항만 지키면 돼.”

"첫 번째, 적어도 2주에 한 번씩 형과 만날 것.
두 번째, 형이 내주는 과제를 성실히 해올 것."

과제라는 말에 선뜻 대답이 나오지 않았다. 학교나 학원 과제도 제대로 한 적이 별로 없었는데, 형이 내주는 과제는 잘할 수 있을지, 괜히 한다고 했다가 형을 실망만 시키는 건 아닌지. 이런저런 생각이 떠올랐지만 그래도 지금 시작하지 않으면 한참 뒤쳐질 것 같아 나는 망설임 없이 결정을 내렸다.

"형, 좋아요. 한번 해볼게요."

"그래. 홍민이가 고민하고 직접 내린 결정이니까 잘 따라올 수 있을 거야. 우리 잘해보자."

형은 기특하다는 듯이 웃다가 이내 진지한 표정을 지으며 말을 이었다.

"참, 홍민아. 지금 가고 싶거나 목표하는 대학이 있어?"

"저요? 조금 부끄럽지만, 연세대학교에 입학하고 싶어요."

그때 거실에서 엄마가 밥 먹으러 나오라며 우리를 불렀다. 형은 자리에서 일어나 방문을 열며 말했다.

"홍민아, 그럼 다음 주 화요일에 신촌역에서 보자. 알겠지?"

변화하는 1%가 되는 법

Chapter.1

나는 과연 추구하고 있는 목표가 있는지 되돌아보았다. 흔히 대학만 가면 어떻게든 되겠지 라는 생각으로 그저 학교와 학원만 오가는 단순한 삶을 반복해왔던 것 같았다. 나는 다시 눈을 감고 샛강을 맹렬하게 좇아가는 자신을 떠올려보았다. 그러나 한쪽에서는 내 목표가 너무 거창한 것은 아닐까 하는 불안감이 엄습했다.

"형, 저는 진짜로 연세대학교에 오고 싶어요. 그런데 중학교 3년 동안 공부를 워낙 안 해서요. 주변 친구들을 보면 벌써 고난도의 수학 문제를 풀고, 어려운 단어를 외우는 친구들도 있어요. 그런 친구들을 생각하면 '지금 너무 늦은 게 아닌가' 하는 생각이 들어요."

변화하는 1%가 되는 법

대학 캠퍼스를 방문하다

잠에서 깨어 눈을 뜨니, 시계 바늘은 오후 1시 5분을 가리키고 있었다. 신촌역에서 기다리고 있을 형을 생각하니 가슴이 콩닥콩닥 뛰었다. 헐레벌떡 준비를 마치고 신촌역에 도착했지만 형을 찾기란 쉽지 않았다. '설마 형이 기다리다 먼저 가버린 건 아닐까?' 하는 불안감에 황급히 출구로 뛰어올라갔다. 예상보다 많은 사람들이 있었다. 역 주변에서 누군가를 기다리고 있는 것처럼 서 있거나 두리번거리는 모습도 보였다. 휴대전화로 형의 번호를 찾으며 주위를 둘러보았고, 책을 들고 빠르게 걷는 사람들 너머로 형의 모습을 발견할 수 있었다.

“형, 늦어서 미안해요. 그런데 오늘은 왜 신촌에서 만나자고
했어요?”

형은 천장에 달린 지하철 안내판을 손으로 가리켰다. 형이
가리키는 곳에 파란색 안내판 위로 ‘연세대학교’ 라는 글씨가
보였다.

“홍민이가 연세대학교 입학하고 싶다고 했었잖아?”

‘앗, 그걸 기억하고 있었구나….’ 순간 얼굴이 화끈거렸다.
가고 싶었다는 학교가 어디 있는지도 몰랐다니.

“연세대학교가 이 근처에 있는 거였어요? 하핫, 전 어디에
있는지도 몰랐어요.”

난 멋쩍은 듯이 웃었다.

“여기서 10분 정도만 걸어가면 돼. 지하철역에서 멀지 않거
든. 난 고등학교 때 서울대학교에 놀러간 적이 있었는데, 서울
대입구역에서 내렸는데도 30분 만에 학교에 도착했었다니까.”

형이 방향을 안내하며 걸어갔다. 학교로 가는 길에는 왜 이
리 가게가 많은 건지, 복잡한 거리 속에서 형을 놓치지 않기
위해 재빨리 형의 뒤를 바짝 쫓아 걸어야 했다.

“30분이요? 진짜 많이 떨어져 있구나. 형도 고등학교 때 서
울대학교에 가본 거예요?”

"친구랑 무작정 '한번 가보자' 하고 갔는데, 생각 외로 참 좋은 시간이었어. 이후에 나에게 많은 자극을 주었지."

잠시 고등학교 때를 회상하던 형의 표정에는 아득한 그리움이 묻어 있는 듯했다.

양쪽 길가에 쭉 늘어선 상점들을 지나고 건널목을 건너자 연세대학교의 커다란 정문이 눈에 들어왔다.

"여기가 연세대학교예요?"

"응, 저 정문 뒤로 보이는 건물들이 다 연세대학교 캠퍼스 안에 있는 거야."

정문 앞으로 대학생으로 보이는 형, 누나들이 분주하게 교문 밖으로 나서고 있었다. 정문 너머 보이는 고색창연한 건물이 멋지게 다가왔다. 방대한 캠퍼스와 쭉 뻗은 시원한 길, 활기 넘치는 학생들의 모습, 하늘을 박차고 오를 것만 같은 독수리 상, 외국에서나 볼 수 있는 건물들의 모습 등 모든 풍경이 나의 마음속으로 고스란히 들어왔다. 걷다 보니 어느새 담쟁이덩굴로 뒤덮인 서양식 건물 앞에 와 있었다.

"홍민아! 이 건물이 바로 연세대학교 본관이야. 오래된 역사를 자랑하고 있는 곳이지. 이 앞의 벤치에 앉아볼까?"

벤치에 앉아 크게 심호흡을 하며 대학교의 공기를 마음껏 느껴보았다. 맑은 공기뿐 아니라 본관에서 풍겨오는 전통의 체취 역시 다가오는 듯했다. '이곳이 바로 대학이구나' 조그만 느낌과 풍경까지도 놓치지 않기 위해 연신 고개를 돌려 주변을 관찰했다. 앉아 있는 상태만으론 내 벅찬 심정을 표현하기 부족했기 때문일까? 자리에서 번쩍 일어서며 두 팔을 벌리고 온몸으로 대학교의 에너지를 느껴보았다. 흥분한 나는 형을 바라보며 들뜬 목소리로 말했다.

"정말 좋네요. 막연히 연세대학교 가고 싶다고만 생각했는데, 막상 와보니 제가 대학생이 된 느낌이에요."

"그렇지? 막상 학교를 와보니 사진만 보거나 생각만 했을 때랑은 많이 다르지?"

"네, 그런데 지금부터 해서 과연 이런 곳에 올 수 있을지 걱정도 돼요. 진작 공부를 많이 해둘걸 그랬어요."

게으르고 나태했던 지난날에 대한 후회가 밀물처럼 밀려오기 시작했다.

"홍민이 마음 잘 이해가 간다. 내가 서울대학교를 방문했을 때도 비슷한 마음이었어. 입학하고 싶다는 열망이 강하게 드는 동시에 내 부족한 실력이 뼈저리게 다가오는 거야. 마치 그림의 떡을 보는 느낌이었지. '준비하기엔 너무 늦은 게 아닐까?' 라는 생각이 들었거든."

"형도 그런 생각을 했어요? 그럼 저도 아직 늦지 않았다는 뜻인가요? 지금부터라도 열심히 하면 꿈을 이룰 수 있을까요?"

형의 대답이 긍정적이길 바라는 일말의 희망을 품고 물었다. 새학기에 접어들면서 나름대로 열심히 해야겠다는 다짐은 했었지만 '수능 때까지 공부 해봐야 얼마나 하겠어?' 라는 회의가 번번이 나를 좌절시켰다. 생각해보면 첫 학기 중간고사가 가장 큰 문제였던 것 같다. 한번 떨어진 성적은 쉽사리 오르지 않았고 점차 공부에 흥미를 잃어갔다. 고등학교에 입학할 때 세워놓았던 연세대학교라는 목표는 시간이 흐를수록 희미하게 사라지고 있었다.

"응. 시간은 충분해. 홍민이가 그 변화하는 학생이 되지 말라는 법은 없잖아? 대신 본격적으로 공부하기 전에 준비해야 할 사항이 있어."

뚜렷한 목표가 수험 생활을 이끈다

"그게 뭔데요?"

형의 말에 잔뜩 희망을 품었던 나는 궁금했다. 공부하기 전에 준비라니?

"먼저, 뚜렷한 목표 설정이 필요해."

"목표 설정이요?"

"지금까지는 막연히 좋은 대학교를 가고 싶다고 생각만 해 왔던 거잖아? 이제는 그 목표를 세분화하는 거야. 학기 초의 열정과 다짐은 1~2개월이 지나가면서 체념과 포기로 바뀌는 경우가 많아. 오직 목표가 뚜렷한 학생들만이 이러한 시기를 잘 넘길 수 있거든. 그렇기 때문에 구체적인 목표 대학과, 전공, 점수를 설정하고 노력해야 하는 거야."

홍민이는 그동안 막연히 '가고 싶다'는 꿈만 되뇌었던 자신의 모습을 생각했다. 그것만으로는 부족했던 것일까?

"형은 어땠어요? 형은 그런 목표가 있었어요?"

"난 고등학교 때 서울대학교의 웅장한 캠퍼스에 매료되었고, '이곳에서 꼭 공부해야지!' 라는 마음을 품게 되었어."

"저도 그 정도는 할 수 있어요. 직접 오지만 않았지 '난 이 학교에 와야겠다'는 생각은 했다고요."

나는 조금 억울한 듯 말했다. 나도 나름의 목표를 생각하고 있다는 것을 인정받고 싶었던 걸까? 형은 그런 나를 보며 싱긋 웃었다.

"난 집에 돌아온 뒤 서울대학교 지도와 경영대 건물 사진을 인쇄해서 방문에 붙여놓았어. 그리고 그 이후로는 공부할 때, 쉴 때, 자기 전에 그 사진을 바라보며 마음속으로 끊임없이 다짐했었지. '난 이곳에 갈 거야. 난 이곳에서 공부할 거야' 라고. 수험 생활 도중 막막해지거나 공부에 회의가 들 때면, 그 사진을 바라보며 나를 다잡곤 했지. 그렇게 서울대를 봤을 때의 다짐과 설렘을 계속 유지할 수 있었거든."

"아! 맞아요. 예전에 형 방문에 붙어 있는 사진들 보면서, '이게 뭐지?' 라고 생각했던 기억이 나요."

"형이 왜 신촌에서 보자고 했는지 이제 좀 알겠니?"

"저 역시 대학 캠퍼스를 직접 방문해보니 이곳의 느낌과 풍경을 가슴 깊이 기억할 수 있을 거 같아요. 그냥 생각만 하는 것과는 많이 다른데요."

흰 눈송이처럼 흐드러지게 흩날리는 벚꽃을 바라보며, 2년 뒤 이곳에서 공부할 내 모습을 상상하니 공부에 대한 열정과 기운이 샘솟는 것만 같았다.

흐뭇한 표정으로 나를 바라보던 형은 가방에서 사진 한 장을 꺼내 보여주었다.

"홍민아, 이 사진을 한번 관찰해봐."

커다란 사냥개 2마리가 산토끼를 뒤쫓는 사진이었다. 산토끼는 필사적으로 도망을 치고 있었고 사냥개 역시 그 뒤를 바짝 쫓는 추격 장면이었다.

"사냥꾼들이 사냥개를 이용해서 사냥을 할 때, 사냥감을 처음 본 사냥개가 사냥감을 좇아 달려가며 짖기 시작한대. 그러면 나머지 사냥개들도 컹컹 짖으며 그 사냥개를 뒤쫓아 달려가지. 그런데 그 추격전이 점차 길어지면서 개들이 한 마리씩 포기를 한다는구나. 그런데 이때마다 결코 포기하지 않고 끝까지 사냥감을 좇는 사냥개가 있대. 어떤 사냥개일까?"

형이 나의 눈을 응시하며 물어보았다.

"글쎄요…. 처음으로 사냥감을 봤다던 그 사냥개가 아닐까요?"

형은 다시 한 번 사진을 바라보며 이야기했다.

"맞아. 그럼 왜 그럴까?"

"아마 가장 먼저 출발했기 때문이겠죠?"

"아니야. 그 사냥개는 사냥감을 직접 보았기 때문이야. 그저 무리를 쫓아 달려간 사냥개들과는 달리, 사냥감의 존재를 확신하기에 끝까지 쫓아갈 수 있는 에너지가 생성되는 거야."

나는 '사냥감을 직접 보았다'는 말을 되뇌어보았다.

"앞으로 몇 번이고 공부에 지치거나 포기하고 싶어질 때가 생길 거야. 이는 수험생이라면 누구나 겪는 과정이란다. 형 역시 수험 생활 중 끊임없는 회의와 좌절감을 겪곤 했어. 그런데, 그럴 때마다 나를 일으켜 세운 건 내 마음속에 간직해놓았던 목표와 꿈이었어. 물론 그것은 구체적으로 보이는 목표였지. 그래서 대학과 전공을 비롯해서 진정 하고 싶은 일을 잘 생각해봐야 해."

네 안에 잠든 거인을 깨워라

나는 과연 추구하고 있는 목표가 있는지 되돌아보았다. 솔직히 '대학만 가면 어떻게든 되겠지' 라는 생각으로 그저 학교와 학원만 오가는 단순한 삶을 반복해왔던 것 같았다. 나는 다시 눈을 감고 사냥감을 맹렬하게 쫓아가는 사냥개를 그려보았다. 사냥감을 직접 봤던 사냥개처럼 나도 열심히 목표를 향해 달려가고 싶었다. 그것도 지치지 않고 계속 맹렬히 달려가는 사냥개를 떠올렸다. 그러나 한쪽에서는 '내 목표가 너무 허황된 것은 아닐까?' 하는 불안감이 엄습했다.

"형, 저는 진짜로 연세대학교에 오고 싶어요. 그런데 중학교 3년 동안 공부를 워낙 안 해서요. 주변 친구들을 보면 벌써 고난도의 수학 문제를 풀고, 어려운 단어를 외우는 친구들도 있어요. 그런 친구들을 생각하면 '지금 너무 늦은 게 아닌가?' 하는 생각이 들어요."

형이 고개를 끄덕이며 이야기했다.

"그랬구나. 그런 친구들 보면 위축감이 들고, '저 친구들은 나랑 달라' 라는 생각이 들겠지? 불안하기도 하고 말이야. 사실 나도 고등학교 때 그런 생각을 많이 했어. 고등학교에 입학했을 때, 아이들의 관심은 자연스럽게 반에서 1등으로 들어온 학생에게로 향했어. 근처 유명한 중학교에서 전교 1등으로 졸업한 학생이었지. 그런데 그 친구는 쉬는시간 마다 영어 잡지를 꺼내 읽는 거야. 난 그 모습에 기가 죽곤 했었지. '내가 과연 좋은 대학을 갈 수 있을까? 나는 아직 성문 기본 영어 한 번 제대로 안 봤는데' 라는 조바심밖에 없었지."

나는 왠지 형과 내가 같은 입장이 된 것 같아 이야기에 점점 빠져들었다. 그래서일까 나도 모르게 질문이 튀어나왔다.

"어떻게 극복하셨어요?"

"난 그때 영어 선생님께 찾아갔어. 누구에게라도 이 고민을 털어놓아야만 했을 정도로 절박했거든. '지금부터 시작해도 늦지 않은 건가요? 저도 그 친구만큼 할 수 있을까요?' 라고 솔직하게 말씀드렸지."

선생님께서 형에게 어떻게 대답하셨을까 매우 궁금해졌다. 형은 하늘을 올려다보고 그날 일을 회상하는 것처럼 얼굴에 잔잔한 미소를 띤 채 이야기를 계속했다.

★ ✦

"선생님은 그때 나에게 벼룩 이야기를 통해 용기를 불어넣어 주셨어."

"벼룩 이야기요?"

"응. 벼룩은 몸집은 작지만, 점프력은 엄청나거든. 보통 자기 몸길이의 100배 정도 되는 높이를 뛸 수 있다고 해. 신기하지? 그런데 한 연구팀에서 벼룩을 갖고 실험을 했다는 거야.

30cm를 뛸 수 있는 벼룩을 채집해서 세 분류로 나눈 거지. 첫 번째 그룹은 높이가 10cm, 두 번째 그룹은 20cm, 세 번째 그룹은 30cm인 상자 안에 두고 며칠을 놔두었대. 높이가 10cm인 상자에 있던 벼룩들은 어떻게 될까? 초반엔 30cm를 뛸 수 있지만 그렇게 뛰다 보면 천장에 부딪쳐서 아프니 점점 10cm인 높이에 맞춰 뛰게 되겠지? 20cm인 상자에 있던 벼룩들은 20m 높이에 맞추게 될 거고. 높이가 30m인 상자 안에 있는 벼룩들은 계속 30m를 뛰게 될 거야. 2~3주가 지나고 벼룩들을 상자 안에서 꺼내 풀어봤어. 그런데 정말 놀라운 일이 생겼단다."

"놀라운 일이요?"

"응, 더 이상 점프를 제한하는 상자가 없는데도, 벼룩들은 마치 상자에 갇혀 있을 때의 높이밖에 올라오질 못하는 거야. 10cm상자 안에 있던 벼룩은 신기하게도 딱 그 높이에 맞추어 뛰고, 20cm 상자 안의 벼룩은 20cm만큼만 뛰는 거지. 그 높이에 딱 맞게 말이야."

"상자가 없어졌는데도 그런 식으로 행동을 한다는 말이에요?"

"당시 나도 선생님께 똑같은 질문을 드렸었어. 벼룩은 상자 안에 있던 때의 상처가 깊이 각인되었기 때문에, 쉽게 극복하지 못한 거지. 그러면서 선생님께서는 '나'나 '그 학생' 둘 다 기본적인 능력의 차이는 별로 없다고 말씀하셨어. 다만 스스로의 능력이 얼마인지 생각하는 데 차이가 있다고 하셨지."

형은 나를 쳐다보며 살짝 미소를 지었다.

"그리고 이렇게 말씀하였어. "혹시 네가 10cm나 20cm 상자에 갇혀 있는 건 아닐까? 실제로는 30cm를 뛸 수 있는 능력이 있음에도 말이야." 사실 나는 그때까지 공부에 최선을 다했던 경험은 별로 없었거든. 그저 벼락치기로만 시험을 봤고, 그 성적이 나쁘진 않았고, 그래서 '내 능력은 이렇구나' 라고 생각만 해왔으니까."

나는 가끔 시험 성적이 좀 잘 나오면 그것에 만족하고, 벼락치기에만 익숙했던 내 모습을 떠올렸다.

형은 계속 말했다.

"선생님과의 대화를 곰곰이 되새겨보며 '한번 내 잠재력을 최대한 시험해보자' 는 생각을 하게 되었지. 그리고 열심히 공부하게 되었어. 그때가 내 고교 생활의 전환점이었던 것 같아."

30cm를 뛸 수 있음에도 10cm밖에 뛰지 못하는 벼룩이 측은하게 느껴졌다. 충분한 능력이 있음에도 그것을 발휘하지 못하는 벼룩. ‘나 역시 이런 벼룩과 같은 행동을 하고 있는 걸까?’ 하긴, ‘너는 누구 닮아서 이것밖에 못하냐?’, ‘너는 공부하기는 글렀다. 왜 이렇게 머리가 안 돌아가니?’ 라는 말들을 들으며 내 스스로에 대한 믿음을 잃어갔던 것 같다. 한 번 믿음을 잃으니 성적은 제자리걸음이거나 떨어지기만 했고, 그것이 반복되다 보니 결국 ‘난 이것밖에 안 돼’라는 생각이 굳어진 것이었다.

“홍민아, 수능시험이나 내신은 올림피아드와 같은 시험이 아니야. 1~2년 집중해서 노력한다면 얼마든지 해결할 수 있는 문제가 출제되지. 중요한 건 너 스스로의 가능성을 신뢰하며 차근차근 노력해나가는 거야.”

시원한 바람이 불어오자 벚꽃 잎이 다시 휘날리기 시작했다. 꽃잎이 형의 어깨 위로 살며시 떨어졌다. 봄 햇살이 형의 얼굴을 환하게 비추었다. 형의 자신감 있는 모습을 보자 나는 형과 만날 앞으로의 시간이 조금씩 기대가 되기 시작했다.

"형, 앞으로 자주 연락해도 되죠?"

나는 왠지 든든한 지원군을 만난 것 같았다.

"물론이지. 형이 여름방학 때까지는 시간이 많이 있으니 언제든 연락하렴. 형도 해주고 싶은 이야기가 참 많아. 참, 이건 아까 홍민이 만나기 전에 쓴 편지인데 집에 가서 읽어봐."

집에 도착하자마자 가장 먼저 연세대학교 홈페이지에 들어가보았다. 막 학교를 다녀와서 그런지 홈페이지 내의 사진들이 매우 익숙했다. 이런 저런 글을 읽어보다가 형이 했던 것처럼 나도 학교 사진을 출력해서 내 방 안에 붙여놓았다. 한참을 바라보고 있으니 형과 학교를 갔을 때의 설렘과 학교의 에너지, 캠퍼스를 거닐던 학생들의 활기찬 모습이 떠오는 듯했다.

사진을 바라보며 형과 한 말을 떠올리던 중, 형이 건네준 편지가 생각났다. 가방에서 얼른 편지를 꺼내 펼쳐보았다. 편지지에 형의 정성스런 글씨가 보였다.

새학기가 시작한 지도 한 주가 지났구나. 첫 주를 보낸 기분이 어때? 긴장되지? 교실 분위기도 매우 차분하고 조용할 테고. 이제 곧 치를 모의고사를 앞두고 조금씩 술렁이기도 할 거고, 두려움과 불안한 마음도 들 거야. 모든 일이 그러하지만, 첫 출발을 잘 시작하는 것은 매우 중요해.

그러면 3월을 어떻게 보내야 할까? 한마디로 이야기하자면 3월은 준비와 계획의 시기라고 볼 수 있어. 숨을 한 번 크게 들이키고 나서 앞으로 발전을 위한 목표와 계획을 세워보는 거야. 아래 표처럼 '가', '나', '다' 군 별로 각각 '가고 싶은 대학'과 '현재 실력으로 지원 가능한 대학'을 적어봐.

	목표 대학 및 전공	현재 점수로 지원 가능한 대학 및 전공	전형 특성
가군			
나군			
다군			

정시 전형 시 대학들이 '가', '나', '다'군으로 분류된다는 건 알고 있어?(수시 전형과 다르지.) 정시 전형을 치를 때 지원할 수 있는 대학은 최대 세 곳이야. '가', '나', '다'군에서 하나씩밖에 지원을 할 수가 없거든. 한국에 있는 모든 4년제 대학교는 이러한 '가', '나', '다'군 범주로 나뉘어져 있어. 예를 들어, '가'군에는 연세대, 고려대 등이, '나'군에는 서울대, 서강대 등이, '다'군에는 한동대 등이 위치하고 있어. 몇몇 대학은 '가', '나', '다'군에 걸쳐 분할 모집을 실시하는 대학도 있고.

홍민이가 먼저 할 일은 이 표에 따라 각 입시군별로 목표 대학을 설정하는 거야. 그리고 그 각 입시군 중에서도 두 곳 정도 대학을 결정해 봐. 그 기준은, '실력 향상이 필요하지만, 꼭 가고 싶은 목표 대학'과 '현재 실력으로 지원 가능한 대학'으로 하는 거야. 우선 첫 번째에 초점을 맞추고 노력을 하되 두 번째도 고려를 해보는 거지. 이때는 각 '군' 별로 '가고 싶은 대학'과 '지원 가능한 대학'의 구체적 입시 요강(수능 반영 영역과 비율, 내신 반영 비율)등을 확인하고 그 대학의 합격 안정권 수능 점수를 확인하는 것이 필요해. 대학별로 내신 반영 비율 및 수능 반영 영역과 비율이 다르거든. 그래서 먼저 목표하는 곳의 입시 전형을 숙지하고 그에 맞추어 전략적으로 준비를 하는 거지.

그 다음은 3월 모의고사를 통해 현재의 약점과 장점을 확인하고 목표 점수에 도달하기 위한 계획을 세우는 거야. 여기서는 이전에 네가 치렀던 모의고사를 잘 살펴봐야 해. 과거의 오류를 짚어내는 일은 고통스럽고 그리 유쾌하지는 않지만, 가만히 살펴보면 어떤 부분에서 특히 많이 틀리는지가 보일 거야. 틀린 문제들과 분포를 바탕으로 어떤 점이 약점이고, 강점인지 확인할 수 있는 거지. 점수 향상을 위해선 취약한 부분부터 집중적으로 보완해나가야 하겠지? 이 점을 염두에 두며 공부 계획을 수립하고, 매 시기별로 목표 점수를 설정하는 거야.

영역	언어	수리	사회·과학·직업탐구	외국어
목표 점수				
목표 등급				

계획을 세우는 부분에 대해서는 앞으로 천천히 얘기해보자. 일단 먼저 뚜렷한 목표를 세운 뒤 정진하렴. 홍민이가 주도적으로 목표를 세우는 것이니 조금만 해보면 어렵지 않아. 스스로 알맞은 목표 설정을 할 수 있게 되지. 홍민이는 잘 할 수 있을 거야. 파이팅!!!

단계적으로 성적을 향상시키는 법

Chapter. 2

"홍민아, 그 생각이 바로 공부를 막 시작하는 학생들이 많이 갖게 되는 오류야. 만약 수능 시험에 기초적인 개념 사항만 출제된다면 1개월만 제대로 공부해도 성적이 금방 오를 수 있겠지. 그렇지만 수능 시험은 응용력을 함께 물어보는 시험이잖아? 기초 개념을 학습하고 응용력을 향상시키는 데에는 시간이 걸리기 마련이야."

어떤 말이 진짜일까를 생각하며 나는 형의 말을 기다렸다.

"공부를 시작한다는 건 밭에 씨를 뿌리는 것과도 같아. 그 씨앗을 꾸준히 돌보고 정성을 기울인다면 좋은 결실을 맺겠지? 그런데 씨앗을 뿌리고 바로 줄기가 올라올까?"

단계적으로 성적을 향상시키는 법

모의고사는 모의고사일 뿐이다

모의고사를 본 다음 날, 형을 만나기로 했다. 채점 결과는 절망스러웠다. 개학 후 첫 모의고사여서 마음의 준비도 단단히 했고, 나름 공부도 했다. 하지만 긴장감 때문인지 시간이 굉장히 촉박하게 느껴졌고 실수도 많았다. 지난 번 수업 이후 강점과 약점을 분석하며 나름의 대책을 세웠지만 가야할 길이 멀고도 험함을 직감할 수 있었다. 나는 새롭게 다졌던 각오는 물거품처럼 사라지고 다시 자신감을 잃은 느낌이었다. 형을 만나서 무어라 말해야 할지 난감했다.

"홍민아, 모의고사가 많이 어려웠어?"

형이 내 표정을 보고 눈치 챘는지 조심스럽게 물어보았고, 나는 마음속에 쌓였던 걱정을 거침없이 털어놓았다.

"그렇게 어렵진 않았는데 실수를 많이 했어요. 영어에서는 문제를 잘못 봐서 두 문제 틀렸고요, 수학도 계산 실수 때문에 몇 문제를 놓쳤어요. 특히 언어 듣기에선 정신을 놓고 있다가 1번 문제도 틀렸고요. 저 도대체 왜 이럴까요? 모의고사는 수능이 아니라는 말을 계속 되뇌어 봐도 '나는 왜 이것 밖에 못할까?' 라는 자책만 들어요. 지난번에 형이 알려준 대로 목표 점수를 계산해보니 연세대학교에 들어가려면 100점 이상 향상시켜야 하더라고요. 수능까지 점수 향상이 가능할지 자꾸 의문이 들어서 힘이 빠지게 돼요. 그저 울고 싶은 마음뿐이에요."

"그랬구나. 모의고사 점수로도 진짜 많은 생각을 했네. 하긴, 지금 시기의 모의고사는 마치 진짜 수능 못지않게 긴장감이 더할 거야."

어깨가 축 늘어진 나를 보면서 형은 말했다.

"그 마음이 이해가 간다. 형도 모의고사 점수로 인해 일희일비 했었거든. 특히 점수가 생각만큼 오르지 않은 날은 홍민이처럼 '내가 목표를 이룰 수 있을까?'라며 자괴감에 빠지곤 했어."

형의 말을 들으니 마음이 조금 나아지는 듯했다.

"그런데 막상 수능 시험을 보고 나니까, 모의고사 점수란 별다른 의미가 없다는 말이 새삼 와 닿더라고. 사실 모의고사란 모의고사일 뿐이니까."

"모의고사란 모의고사일 뿐이다?"

나는 갑자기 머릿속이 '번쩍'했다.

"그럼! 사실 모의고사는 학교나 수능 성적 어디에도 반영되지 않는 거잖아? 그저 현재 실력을 알려주는 지표에 불과하거든. 중요한 건 몇 문제를 맞고 틀리느냐가 아니라, 한 문제라도 제대로 푸는 거지. 가령 홍민이는 모의고사 수리 영역에서 70점을 받은 반면, 홍민이 친구는 80점을 받았다고 생각을 해 봐. 그러면 누가 시험을 더 잘 본 걸까?"

"당연히 제 친구죠."

형은 진지한 표정으로 노트에 도표를 그렸다.

"그런데 만약 점수가 이런 식으로 산출 되었다면 누가 더 잘 봤다고 할 수 있을까?"

	점수	풀어서 맞은 문제	찍어서 맞은 문제	풀었지만 틀린 문제
홍민	70	60	10	30
친구	80	40	40	20

"어? 이렇게 되면 제 친구가 저보다 더 잘 봤다고 할 수는 없겠는데요?"

"그렇지? 그러니까 현재로써는 점수에 대해 별로 의식하지 않아도 돼. 다만 홍민이가 더 집중적으로 공부해야 될 부분을 점검하기 위해서 모의고사를 활용하는 거지."

모의고사가 큰 짐으로 느껴져 무거웠던 마음이 조금씩 가벼워지고 있었다. 모의고사는 오히려 내가 목표한 수능 점수를 올리는 좋은 기준이라고 생각할 수도 있는 거였다.

"참, 그리고 실제 수능 시험을 잘 보기 위해선 한 가지 더 주의해야 할 점이 있어."

"그게 뭐죠?"

수능 시험이란 단어가 나오자 내 귀가 쫑긋해졌다.

"열심히 노력했더라도, 2~3개월 내에 점수가 오르지 않을 수도 있다는 것을 기억할 것."

"그런데요, 형. 저 같은 경우는 작년에 별로 공부를 안 했기 때문에 오히려 공부를 조금만 더 해도 성적이 오를 거라는 말을 많이 들었거든요.”

“홍민아, 그 생각이 바로 공부를 막 시작하는 학생들이 많이 갖게 되는 오류야. 만약 수능 시험에 기초적인 개념 사항만 출제된다면 1개월만 제대로 공부해도 성적이 금방 오를 수 있겠지. 그렇지만 수능 시험은 응용력을 함께 물어보는 시험이잖아? 기초 개념을 학습하고 응용력을 향상시키는 데에는 시간이 걸리기 마련이야.”

어떤 말이 진짜일까를 생각하며 나는 형의 다음 말을 기다렸다.

“공부를 시작한다는 건 밭에 씨를 뿌리는 것과도 같아. 그 씨앗을 꾸준히 돌보고 정성을 기울인다면 좋은 결실을 맺겠지? 그런데 씨앗을 뿌리고 나서 곧바로 줄기가 올라올까?”

형은 펜을 들고 조그만 씨앗 그림을 하나 그렸다.

“아니요. 곧바로 줄기가 올라오진 않죠.”

곰곰이 생각하던 내가 이야기했다.

“그렇지? 씨앗은 먼저 충분히 뿌리를 내려서 기반을 든든히 다진 뒤 싹을 틔우고 줄기가 성장하는 거잖아? 이건 공부할 때도 마찬가지야. 먼저 씨를 뿌린 뒤 2~3개월간 꾸준히 공부하며 뿌리를 깊이 내리는 작업이 필요한 거지. 줄기가 올라오지 않더라도 당황하지 마. 열심히 공부하고 있다면, 그 시기는 뿌리를 깊이 내리는 준비의 시기일 테니까."

형의 말을 듣고 있자니 멋진 상상이 떠올랐다. 내가 뿌린 씨앗이 땅 속 깊이 뿌리 내린 뒤 아름다운 꽃이 피고 탐스러운 열매가 열리는 장면이었다.

"그러니 공부해도 성적이 오르지 않는다고 포기하지 말고 긴 안목으로 수험 생활을 설계해나가렴. 참, 이 얘기와 관련해서 형이 또 알려주고 싶은 인물이 있어."

형이 꺼낸 노트의 첫 페이지에는 반갑고도 익숙한 인물의 사진이 붙어 있었다.

하루에 1%씩 향상시키자

"히딩크 감독이잖아요?"

"응. 형이 존경하는 인물 중 한 분이지. 강인한 리더십을 바탕으로 감독을 맡은 팀마다 좋은 성과를 냈잖아? 2002년도의 한국팀도 그 중 한 경우고. 홍민이도 그때 월드컵을 봤겠지?"

“물론이죠. 그때 초등학교 4학년이었는데, 친구들이랑 같이 TV 보면서 무지 신났었어요.”

16강 진출이 확정되던 포르투갈 전, 극적인 연장골을 만들어낸 이탈리아 전, 스페인 전 등 당시의 경기 모습과 추억들이 주마등처럼 스쳐지나갔다.

“히딩크 감독이 월드컵 4강이라는 엄청난 결과를 만들어냈잖아? 누구도 예상하지 못한 결과였지. 사실 강한 팀들과의 평가전에서 계속 큰 점수 차로 패해 뚜렷한 결과를 만들어내지 못했잖아. 프랑스, 체코에 거듭해서 5대0 으로 지는 바람에 ‘오대영’이라는 별명으로 불리기도 했었지.”

형은 사진 밑의 글귀를 가리켰다.

“창피하지 않다. 좋은 경험이었다. 한국 선수들은 투쟁심을 더 길러야 한다.”

― 2001년 5월 컨페더레이션스컵에서 프랑스에 5대0으로 패한 뒤

“완패 중의 완패인데, 좋은 경험이었다고 이야기하네요? 저 같으면 부끄러워서 얼굴이 빨개졌을 텐데, 괜히 창피해서 그렇게 얘기한 거 아닐까요?”

"과연 그럴까? 하긴 5대0 이라는 스코어는 축구에서 불명예 중의 불명예이니까. 하지만 오히려 그런 면에서 히딩크 감독은 대단한 면이 있어. 가만히 보면 오히려 잉글랜드, 프랑스, 체코 등 강팀 위주로 평가전을 치른 거야. 비참한 경기결과에도 아랑곳하지 않았지. 언론과 국민으로부터 '큰일났다', '그래 가지고 1승이라도 하겠냐' 라는 비난이 쇄도할 때에도 눈 하나 깜짝하지 않았지. 그 경기가 평가전임을 잘 알고 있었기 때문이야. 시선을 월드컵에 고정하고 실력 향상을 위해 노력한 거지."

내가 형의 이야기를 거들며 이야기했다.

"히딩크 감독도 모의고사는 모의고사일 뿐이라는 사실을 잘 알고 있었던 거네요?"

"그렇지, 결국 승부는 월드컵에서 이루어진다는 사실을 알고 있었기에, 경기 결과나 주위의 시선에서 자유로울 수 있었을 거야. 그러니 히딩크의 말은 진심이었을 거야."

말을 마친 형은 노트 다음 장을 펼쳤다. 그곳에는 히딩크 감독의 다른 어록이 또박또박 쓰여 있었다.

현재 대표팀의 16강 진출 가능성은 50%다. 앞으로 <u>하루에 1%씩 향상시켜</u> 월드컵 개막과 함께 100%로 만들겠다. 6월초

하루에 1%씩 향상시킨다는 말은 밑줄로 강조가 되어 있었다.

"아~, 하루에 1%씩 향상시킨다는 말을 이때 하셨던 거네
요? 월드컵 50일 전이면 얼마 남지 않았을 시기인데."

"그렇지? 히딩크 감독은 선수들의 기량을 단 한 번에 높이
려 하지 않았어. 눈앞의 평가전 결과에도 흔들리지 않고 자신
만의 훈련 스케줄에 따라 차근차근 진행시켜 나간 거지. 홍민
이도 한 번에 많은 성적을 올리려하지 말고, 하루에 0.2점씩만
올린다고 생각해봐. 서두를 필요가 없거든. 결국 초점을 맞추
어야 할 부분은 수능 시험이잖아? 이렇게 600일을 보낸다면
몇 점이 향상되는 걸까?"

"120점이죠."

나는 자신 있게 대답하였다. 막상 대답하고 나니 높게만 느
껴지던 점수가 조금 익숙하게 느껴졌다. 불가능하다고 생각했
던 100점보다도 높은 점수였다.

"이제 조금씩 실력을 향상시키며 전진해나갈지, 좌절하며

포기할지는 전적으로 홍민이의 선택에 달린 거야."

형의 말이 나의 가슴 속을 파고들었다.

"어때, 한번 해보지 않을래?"

"히딩크 감독처럼 저도 하루에 1%씩 향상시켜 나가볼래요."

형이 활짝 웃으며 나의 등을 토닥여주었다.

"그래. 당분간은 점수에 신경 쓰지 말고, 먼저 근본적인 성적 향상에 힘써보렴."

성적 향상을 위한 세 가지 준비물

"참, 홍민이는 지금 하루에 몇 시간이나 공부하고 있어?"

형의 질문에 나는 멈칫했다. 그리고 곰곰이 생각해 보았다. 솔직히 시간을 재서 공부를 하진 않았지만, 그렇다고 해서 내가 만족할 만큼 많은 시간을 투자해 공부를 하지 않았기 때문이었다. 집에 가면 컴퓨터 앞에 앉아 게임부터 시작하기 일쑤였고, 책상 앞에 앉더라도 거실에서 들리는 TV 소리로 인해 집중이 잘 되지 않았다. 특히 두 달 전 구입한 휴대전화의 DMB 기능을 발견하면서부터 공부량이 급격히 줄어들었다는 것을 스스로도 느끼고 있었다.

"글쎄요. 1시간에서 2시간 정도 하고 있는 것 같아요. 사실 공부를 해야겠다는 생각은 많이 하는데, 집에 가서 TV 보고 게임 하다 보면 막상 공부를 잘 못하게 되네요.”

난 자신 없는 목소리로 대략 잡아 말했다.

“흠, 그 정도로는 부족한데? 이제 고등학생인데, 더구나 그 한 두 시간은 온전히 공부에만 집중하는 것이라 해도 말이지.”

형이 다소 염려스러운 듯 이야기했다.

“네. 저도 공부를 더 해야 된다는 필요성은 많이 느끼고 있어요. 진짜 잘 해보고 싶거든요.”

형의 걱정에 슬쩍 부끄러워진 나는 힘주어 말했다.

“공부 시간과 관련해서 한 가지는 확신할 수 있어. 스스로 하루에 4시간씩만 공부한다면 너는 1년 내에 천하무적이 될 수 있다는 거야.”

“4시간이요?”

나의 공부 시간이 얼마나 많이 부족할까를 생각했지만 의외로 4시간은 생각보다 적은 느낌이 들었다.

“아, 물론 이는 학교 수업이나 학원 수업을 제외한, 스스로 공부하는 시간을 이야기하는 거야. 그리고 그저 책상 앞에 앉아 있는 시간이 아닌, 집중해서 공부하는 시간을 말하는 거지. 이 시간들은 성적 향상을 위한 첫 번째 준비물이야.”

형의 말을 듣고 보니 스스로 공부하는 4시간은 생각보다 많을 수도 있겠다 싶었다. 오로지 스스로 집중해서 공부하는 시간만으로 본다면 더욱 그렇지 않을까? 갑자기 머리가 복잡해졌다. 형은 나의 표정을 보고 마음을 읽은 듯, 웃으며 다시 말했다.

"만약 4시간씩 공부하는 게 버겁다면 3시간부터 시작하는 것도 괜찮아. 그리고 이 시간들은 집중할 수 있는 공간 확보라는 두 번째 준비물로 연결돼야 해. 솔직히 집에서 공부하는 게 매우 쉽지 않지?"

"네. 공부하려는 마음이 있다가도 동생이 TV 보고 있으면 저도 같이 보게 되요. 그리고 인터넷 뉴스 보러 들어갔다가 게임 하다 보면 한 두 시간은 금방 흘러가버려요."

형이 고개를 끄덕이며 이야기했다.

"맞아. 집에서 공부를 잘 해내는 사람은 엄청난 의지의 소유자라고 보면 돼. 집에서 집중하기 어렵다면 학교 야간 자율 학습실 이라든지, 독서실 등을 찾아보는 거야. 요즘은 시립이나 구립 도서관도 많이 생겨나고 있으니 적합한 장소를 잘 찾아봐. 나는 고3 때 학교 자율 학습실이 바로 그 장소였어. 집에 가고 싶은 유혹도 엄청났지만, 일단 자율 학습실로 향했을 때는 3~4시간을 집중해서 공부할 수 있었지."

"첫 번째 준비물은 시간, 두 번째는 장소라면, 다음 준비물은 뭘까요?"

"마지막 준비물은 바로 효과적인 계획이야. 계획을 세우지 않으면 체계적으로 공부를 할 수가 없거든. 모의고사를 바탕으로 해서 현재의 약점과 강점을 파악한 뒤, 목표 점수를 받기 위해 체계적으로 계획을 세워야하는 거야. 매일의 계획뿐 아니라, 주간, 월간, 연간 계획을 바탕으로 공부해나가는 거지."

'스스로 공부하는 시간, 집중할 수 있는 공간 확보, 효과적인 계획'등은 매우 기본적인 사항들임에도 내가 지금껏 잘 지켜오지 못했던 부분이었다. 집에서 공부하려고 했지만 매번 TV와 게임의 유혹을 이기지 못했다. 그때그때 'OO페이지까지 하자'는 단순한 생각만 했을 뿐, 구체적인 계획은 생각도 못했다. 하지만 형의 말을 들으며, 나는 먼저 집 근처에 있는 구립 도서관을 잘 활용해야겠다고 생각했다. 도서관에 가서 어떻게든 하루에 세 시간 이상씩 공부하겠다고 희망찬 다짐을 하던 중,

형의 목소리가 다시 들렸다.

"참, 그리고 중요한 건 결코 과목별로 편식을 하지 말라는 거야. 계획을 세울 때 언어, 수리, 외국어, 탐구 영역 별로 골고루 공부할 수 있도록 계획을 세우렴. 만약 하루에 4시간씩 공부하기로 마음을 먹었다면 1시간씩 골고루 공부를 하는 거지. 물론 강점이 있는 분야는 이틀에 1시간씩 공부를 하고, 취약한 분야는 공부 시간을 더 늘려도 좋고."

"형, 그럼 수리 영역도 매일 해야 되는 건가요? 수리는 진짜 하기 싫은데."

"그래서 형이 과목별로 1시간씩 공부하라고 한 거야. 그렇지 않으면 자기가 좋아하는 과목만 공부하게 되거든. 그러면 공부 시간을 많이 투입할지라도 과목별 불균형이 커지게 돼. 무엇보다도 기피하는 과목을 첫 번째 공부 시간에 배치하렴."

수리 영역을 제일 먼저 공부해야 한다는 사실이 썩 내키지는 않았지만 이렇게라도 해야 수리 영역과 친해질 수 있겠다는 생각이 들었다.

"홍민이 목소리랑 얼굴 표정이 많이 바뀌었네? 아까만 해도 잔뜩 찌푸린 표정이었는데. 히딩크 감독님의 이야기를 들으니 좀 기운이 나는 거야?"

"예? 제가 그런 표정을 지었었다고요?"

형의 얼굴을 한 번 바라보고, 아까의 장면을 떠올려보았다.

"하긴. 제가 조금 힘이 없긴 했었죠. '난 왜 이렇게 안 될까' 라는 생각을 했더니 힘이 쭉 빠지더라고요. 그런데 5대0으로 지고도 의연하게 자신의 목표를 향해 나아가며 좌절하지 않은 히딩크 감독을 보며, '내 진짜 시작은 이제부터'라는 생각이 들었어요."

내가 다소 비장한 표정으로 말을 이어나갔다.

"형. 결코 저를 지금의 실력으로 판단하지 말아주세요. 저, 내년 11월에는 달라져 있을 거예요."

형은 내 말에 다소 놀란 표정을 지었다.

"오~홍민이가 새로운 결심을 했나본데? 그래, 정말 중요한 건 어제보다 나은 오늘, 오늘보다 나은 내일을 만드는 거야. 참, 지난 번 편지 잘 간직하고 있지? 이번 편지는 형이 주는 두 번째 편지야."

형은 가방에서 편지를 꺼내 내게 건네주었다. 이번에는 형이 집에 가서 읽으라는 이야기를 하지 않았기에, 편지를 열고 싶은 마음이 굴뚝같았다. 그렇지만 보다 차분한 마음으로 읽고 싶었기에 가방에 넣고 자리에서 일어섰다.

"형, 우리 또 언제 만나요?"

형은 즐거운 표정으로 이야기했다.

"이제 한 달 뒤면 중간고사지? 모의고사를 치르고 바로 또 중간고사를 준비해야 하겠네? 그러면, 일주일 뒤에 만나자."

"네, 기왕 해야 할 공부니까 열심히 해볼래요!"

형을 다시 만날 때까지 열심히 공부해서 형의 기대에 부응해야겠다고 다짐했다.

홍민아, 어제 모의고사를 봤겠구나. 고2가 된 뒤 처음 치르는 모의고사라 점수가 많이 신경 쓰일 거야. 주변에서도 고2부터는 마치 고3인 냥, 혹 마지막 기회라고 겁을 주기도 하니까. 그렇지만 지나친 부담을 갖지는 말고 현재의 실력을 알려주는 '고마운 친구' 정도로 생각해 봐. 중요한건 이 점수를 바탕으로 어떻게 목표 점수까지 도달하느냐에 관한 문제거든.

이제 모의고사를 바탕으로 현재의 약점과 강점을 확인하고 정밀한 계획을 세워 보는 거야. 부담감과 함께 치렀던 시험이었기에 시험 후에는 기운이 쭉 빠졌겠지? 모의고사를 본 뒤 '이제 시험이라면 지긋지긋 해'라는 마음이 들었을지도 모르겠다. 나 역시 너무 지쳤을 때는 채점조차 하지 않고 방 한 구석에 시험지를 던져놓곤 했어. '어차피 성적표로 나올 텐데'라는 마음으로 별 신경을 쓰지 않았지. 그런데 이렇게 되면 힘들게 모의고사를 본 노력은 수포로 돌아가게 돼.

모의고사를 보는 이유는 현재의 실력을 진단하고 약점과 강점을 파악하기 위함이라고 했지? 그러니까 이를 바탕으로 성장을 위한 장기 계획을 도출하는 것이, 어쩌면 시험을 보는 것보다 더 중요해. 모의고사를 채점하면, 먼저 틀린 문제를 중심으로 다시 한 번 시험 문제를 살펴보렴. 틀린 문제를 다음과 같은 세 가지 기준으로 재분류 하는 거야.

1) 실수로 틀린 문제

　- 문제를 푸는데 필요한 지식은 알고 있고, 적절히 접근했지만 문제를 잘못 보거나 헷갈려서 틀린 문제

2) 몰랐지만 부분적인 지식은 알고 있는 문제

　- '아~이 내용은 어디서 봤었는데' 혹은 '이 부분은 아는데'라는 식으로 일부분의 지식이 있는 문제

3) 손도 대지 못한 문제

　- 이론적인 부분에 대한 지식도 없고, 접근 방법조차 생각이 나지 않는 문제

이런 식으로 분류가 끝났다면 틀린 문제를 다시 풀어보는 거야. 급하게 할 필요는 없지만 모의고사 종료 후 1주일을 넘기지 않는 게 좋아. 시간이 지나면 문제에 대한 감각이 사라져 버리거든. 그러니 모의고사를 치른 날은 휴식을 취하며 채점을 하고, 다음날부터 차근차근 틀린 문제를 풀어봐. 먼저 틀린 문제 중 위에서 분류한 1) 이나 2) 부분에 초점을 맞춰보렴. 1)과 같은 경우 실수한 이유를 찾아내는 데 집중하고, 2)의 경우는 참고서나 답지를 바탕으로 막혔던 부분을 공부하는 거야. 3)과 같은 경우라면 장기적인 보완 계획을 바탕으로 차근차근 공부해 나가는 거지.

이러한 작업이 이루어졌다면, 이제 성적 향상을 위한 정밀 계획을 세워보는 거야. 계획은 너무 무리하지 않는 한도 내에서 최대한 구체적으로 세우는 게 좋아.

먼저 크게 수능까지의 연간 계획을 정하고, 그 뒤 월별 계획으로 구체화 해보는 거야. 월별 목표점수를 정하고, 그 목표를 이루기 위한 계획을 설정하는 거지. 그리고 나서 이를 주간 계획, 일간 계획으로 세분화 해봐. 다음과 같은 식으로 말이야.

이 계획을 바탕으로 계획-실행-점검(Plan-Do-See)를 끊임없이 반복하며 스스로의 실력을 향상시켜 나가는 거야. 이는 비단 지금 뿐 아니라 앞으로 삶을 살아가는 데 있어 반드시 익혀야 할 중요한 원리란다.

목표 · 계획	내용
현재	언어 영역 점수 70점
10월 목표 점수	90점(7월 모의고사 : 75점, 9월 모의고사 : 85점)
장기 계획	여름방학까지, 문제집 2권 풀기, 교과서 정독
월별 계획	문학 문제집 풀기, 교과서 상의 문학 작품 읽기
주간 계획	1~3단원 풀기, 〈화랑의 후예〉 읽기

내신 준비 필승 비법

"홍민아, 이제 중간고사가 다가오고 있지? 비록 과거의 성적이 별로 좋지 않더라도 결코 좌절하거나 포기하지는 마. 정작 중요한 건 바로 지금부터거든. 성실한 내신 준비가 곧 수능 준비로 이어진다는 생각으로 최선을 다해보렴."

형의 말을 들은 나는 바로 노트에 계획표를 그려보기 시작했다. 아직 시간이 3주 정도 있으니까 거기에 맞춰 보면 될 것이다. 매일매일 내가 할 분량과 해야 할 분량을 과목별로 정하는 것이 필요했다. 나는 형이 돌아간 뒤에도 한참 동안 책상을 떠나지 않았다. 어느 정도 계획표를 짜고 나자 나도 모르게 힘이 불끈 솟는 것 같았다.

내신 준비 필승 비법

절대로, 절대로 포기하지 말라

"형, 예전엔 미처 몰랐는데요, 막상 공부를 시작하니까 왜 이렇게 할 게 많은지 모르겠어요. 어떻게 이 많은 걸 다 준비하나 싶어요."

왠지 모를 부담감에 어깨가 축 늘어진 나와는 달리 형은 활짝 웃으며 고개를 끄덕였다.

"우와~홍민아. 그건 정말 긍정적인 신호야. 원래 공부라는 건 하면 할수록 부족함이 느껴지는 거거든. 그렇게 공부하다 보면 어느 새인가 너도 모르게 '어? 언제 내 실력이 이렇게 늘었지?' 라고 생각하게 될 거야."

형의 칭찬에 기분이 조금 좋아진 나는 이야기를 이어나갔다.

"형, 그래서요. 이제 내신은 포기하고 수능에만 집중하려고요. 3주간 내신 공부만 하다 보면 수능 공부의 리듬을 잃어버릴 거 같아요. 1학년 때 이미 망친 내신이니, 지금부터 잘한다고 해서 별 소용도 없을 것 같고요."

내 말을 유심히 듣던 형은 갑자기 정색을 하며 이야기했다.

"아니야, 홍민아. 절대 내신을 포기하면 안 돼. 1학년 때 보다 2, 3학년 때의 내신 비중이 훨씬 높아. 대부분 대학이 1,2,3학년 때의 성적을 2:3:5나, 2:5:3의 비율로 반영하거든. 즉, 앞으로 2,3학년 때 내신 비율이 80%나 된다는 이야기야."

"1학년 때 비중이 그것밖에 안 돼요?"

"그렇기 때문에 이번 중간고사부터 열심히 노력해서 성적을 끌어올려야 되는 거야. 뿐만 아니라, 기술이나 가정 혹은 정보산업과 컴퓨터처럼 수능과 관련 없어 보이는 과목도 소홀히 해서는 안 돼. 수능은 통합적인 사고력을 물어보는 시험이기 때문에, 모든 과목을 열심히 공부하면 결국은 도움이 되기 마련이거든."

형은 잠시 생각을 한 뒤 말을 이어나갔다.

"사실 다음 학기만 돼도 내신을 포기하고 수능에만 집중하는 친구들도 생길 거야. 그런데 이는 매우 어리석은 전략이라고 볼 수 있어. 정작 중요한 시기의 내신을 놓치고 있는 거니까. 내가 고3 때 대학교의 수시 입학 제도가 많이 변했거든. 그때 이런 일이 있었어. 서울 시내 한 대학에서 2학기 수시 전형에 고3 내신만 반영하겠다고 발표한 거야. 이미 내신을 포기했던 친구들이 정말 많은 후회를 했었지. 지금은 수시 제도가 많이 정착되었기에 이런 급격한 변화는 없겠지만, 최선을 다하는 태도의 중요성은 변함이 없을 거야.”

“흠. 그럼 일단 중간, 기말고사는 열심히 해봐야 되는 걸까요? 그런데 중학교 때까지 벼락치기가 습관화되어 있어서 어떤 식으로 준비해나가야 할지 모르겠어요. 형은 어떻게 준비했었어요?”

나는 형만의 노하우를 듣고 싶은 생각에 귀를 쫑긋 세웠다.

“일단 수업 시간에 무조건 집중해서 들었어.”

“에이, 그게 뭐예요? 너무 뻔한 답이잖아요.”

나는 내심 실망했다. 하지만 형은 진지한 표정으로 말을 이었다.

“나는 수업을 경청하며 내용을 한 번 정리한다고 생각했거든. 특히 시험 기간을 앞두고 선생님들께서 말씀하시는 강조점을 잘 체크해두었지. 수업 시간이 끝난 뒤 약 5분 정도는 교과서 내용과 노트 필기 부분을 한 번 주욱 훑어보며 복습했어. 그냥 넘어가는 것과 이렇게 한 번이라도 보는 것은 정말 큰 차이가 있어.”

형의 이야기를 들으며 나는 적잖은 충격을 받았다. 사실 누구나 알고 있는 단순하고 평범한 답이지만, 그것 때문에 형이 전교권에서도 변함없는 성적을 유지할 수 있었던 것이다. 그에 비해 나는 수업에 임하는 자세가 형과는 달랐다. 밤늦게까지 컴퓨터 게임을 하느라 그 다음날 수업시간에 조는 경우가 많았다. 그래서 시험기간이면 시험 과목 공부에 벅차 항상 헉헉대며 공부했었다. 특히 암기 과목들을 공부할 땐 밤을 지새우며 달달 외우며 공부했던 것이 떠올랐다.

무조건적 암기가 능사가 아니다

나는 급하게 노트를 꺼내 형이 이야기한 항목을 적어넣었다.

“형! 국사, 가정, 사회 같은 암기 과목은 어떻게 공부하셨어요? 저번에 형 집에 갔을 때 이모가 저랑 동생한테 형 성적표를 꺼내 보여주셨어요. 점수가 장난 아니게 높던데요? 100점을 받은 과목들도 많이 있었고요. 도대체 어떻게 그런 점수를 받은 거예요?"

"요령껏 외운 거지. 형은 교과서를 외우는 데 그다지 많은 시간을 들이지 않았어."

"형은 머리가 좋아서 그런 것 아닐까요?"

"하하, 아니야. 일단 전체적인 내용을 이해한 뒤 연관 지식들을 학습했거든. 가급적이면 무작정 외우기보다는 왜 이런 일이 발생했을까 생각하며 공부하니 복잡해 보이는 부분도 잘 이해가 가더라고."

"먼저 이해한다고요?"

"혹시 홍민이는 무조건 교과서를 외우려고 했던 거 아니야? 그러면 시간이 엄청 많이 걸릴 텐데."

"맞아요. 그런데 암기 과목은 당연히 그래야 되지 않나요? 그렇게 하다 보니 벼락치기만으로는 무리가 있지만요."

"그랬었구나. 그렇게 공부하면 뭐 완벽하게 준비할 수 있겠지만, 사실 시험 범위의 지식을 다 외운다는 것은 거의 불가능하잖아?"

"그렇지요. 그래서 공부 잘하는 애들은 진짜 오래 전부터 시험 준비하는 줄 알았어요. '한두 달 전부터 외우면 좋은 성적을 받겠구나' 라고 생각했거든요."

형이 잠시 생각한 뒤 이야기했다.

"지금 홍민이, 국사 교과서 갖고 있어?"

나는 가방에서 교과서를 꺼내 형에게 보여주었다.

"네. 오늘 마침 방과 후 학습이 있는 날이라 교과서를 갖고 왔어요."

"좋아. 요즘 배우는 범위가 어떻게 돼?"

형이 교과서를 한 번 훑어보며 물었다.

"고려 시대부터, 조선 시대까지예요."

"그렇구나. 그러면 노트를 한 권 꺼내서 제목들을 단원의 소제목들을 잘 살펴보는 거야. 이번에 첫째로 나오는 소제목은 '중세 국가의 성립'이지? 먼저 제목 자체에 주목해보자. '중세 국가'잖아? 그러면 중세 국가 전에는 뭐가 있었을까?"

"철기 시대? 아, 고대 시대요. 지난 번 시험 범위였어요."

"그래, 맞아. 고대 시대잖아? 삼국 시대가 끝나갈 무렵에 고려 왕조가 등장하면서 중세로 넘어가는 거야. 그러면 다음 단어를 주목해볼까? 다음 단어는 '성립'이지? 생각을 해봐. 중세 국가가 성립되는 거야. 국가가 만들고 기틀이 잡히려면 무엇을 해야 할까?"

"음. 법을 만들고, 학교를 세우고 그러겠지요? 아! 훈요 10

조요."

형이 미소 지으며 이야기했다.

"맞아, 잘했어. 여기 교과서에 나오잖아? 태조가 훈요 10조를 만들었다고 무조건 암기하는 게 아니라, 그 시대적 맥락 속에서 이해를 하는 거야. 왕조가 성립되던 무렵에 법규를 정비하는 과정에서 훈요 10조가 생겨난 거지. 자, 이제 새로운 왕조가 성립되었잖아? 그러면 이제 왕은 왕권을 강화하려고 노력하겠지? 그러면 어떤 일을 하게 될까?"

"신하들의 세력을 약화시키려고 할 텐데…. 노비안검법이 그래서 나오는군요? 참, 기인제도도 있고요."

내가 무릎을 치며 얘기했다.

"맞아. 바로 그거야. 무조건 역사적 사실을 반복해서 암기하려면 무지 힘들어져. 역사적 제도나 사건을 일으키게 하는 맥락을 이해하고, 그 맥락 가운데 이 사실들을 알아가야 훨씬 수월하게 공부를 할 수가 있는 거야."

형 말을 듣고 보니, 그동안 맹목적으로 암기했던 사실들이 큰 틀에서 하나씩 끼워맞춰지는 것 같았다. 마치 이미지가 만들어지듯 머릿속에 그려졌다. 형은 책을 넘기며 설명을 이어 나갔다.

"자, 그러면 다음 소제목을 살펴보는 거야. 이제 국가가 성립되었으니, 여러 제도를 정비해서 국가의 기반을 튼튼히 하겠지? 그래서 나오는 부분을 살펴봐. '행정 조직'을 정비했지? 그리고 '지방 조직' 및 '군역'도 정비하는 거고."

"흠. 이 부분은 범위를 나누어서 좀 외워야겠어요."

"그래. 그런 때도 필요하지. 다시 한 번 살펴보자. 고려 왕국이 성립되었고, 여러 제도를 정비하며 기틀이 다져졌어. 이제 안정기로 접어든 거야. 그런데 역사적 흐름을 살펴보면, 각국은 항상 흥망성쇠를 겪게 되잖아? 이제 고려도 하향세로 접어들게 되지. 아까 왕권이 강화되며 호족들의 세력이 약해졌다고 했지? 이 호족들이 가만히 있었을까?"

"아니겠지요?"

"그래. 차츰 국가가 안정되면서 이들도 힘을 축적하게 되지. 그러면서 차츰 무엇을 형성하게 되는 거지?"

형이 교과서를 가리키며 이야기했고, 내가 간단명료하게 대답했다.

"문벌이네요? 아, 그래서 문벌이 등장한 거구나."

"그래, 홍민아. 이런 식으로 전반적인 흐름을 잡아가며 공부하면 내용도 이해가 잘되고, 재미도 있을 거야."

나는 형의 말을 하나도 놓치지 않기 위해 최대한 집중하며 노트에 적어보았다.

⊙중세 : 고려 왕조의 성립

　1) 국가 기틀 마련

　　－법규 정비…▸ 훈요 10조

　2) 왕권 강화

　　－호족 세력 약화…▸ 노비 안검법, 기인제도

　3) 기타 제도 정비를 통한 국가 기반 강화

　　－행정조직 정비

　　－지방 조직, 군역 정비

　4) 왕권 강화에 따른 호족들의 반발…▸ 문벌 형성

이렇게 써놓고 보니 고려 초기 역사의 흐름이 더 쉽게 눈에 들어왔다. 여기에 고무된 나는 형에게 물었다.

"그런데요, 만약 형처럼 흐름을 잡으면서 공부했는데 만약 시험 문제가 매우 세밀한 데에서 나오면 어떻게 해요?"

"흐름을 잡으라는 건 외우지 말라는 이야기가 아니야. 어떻게 보면 효과적으로 암기하기 위한 방법이지. 흐름을 잡고 내용 이해를 한 뒤 암기를 하면 암기 효율이 엄청나게 높아지거든. 먼저 설계도를 작성한 뒤, 세부적인 내용을 공부하며 완성도를 높여가는 거야."

형의 이야기에 일견 수긍을 했지만, '과연 이 방법은 다른 과목에도 적용이 될까?' 라는 생각이 들었다.

"형, 이런 접근 방식은 국사에만 적용되는 거 아니에요? 사회 같은 경우는 이렇게 '국가의 형성 발전-쇠락'과 같은 식으로 진행이 되지는 않잖아요."

"왜? 다른 과목도 비슷한 식으로 흐름을 잡을 수 있지."

마침 사회 선생님께서 나누어주신 요약 프린트 물이 눈에 띄었다.

“일단 질문을 잘 던지는 게 중요해. 스스로 질문을 던져보고 그와 관련된 핵심 내용을 탐색하면 훨씬 기억이 잘되거든. 이는 사회 과목뿐 아니라 다른 암기 과목에서도 충분히 적용할 수 있어. 이번 시험에서는 사회 쟁점에 관해 다루는구나.

그러면 먼저 어떤 질문을 할 수 있을까? ‘사회 쟁점이란 무엇일까?’ 라는 생각이 떠오르지 않니? 자. 그게 첫 번째 단원이지. 두 번째로는 ‘그렇다면 각 시대에는 어떤 쟁점들이 있었을까?’ 세 번째로는 ‘이러한 쟁점을 해결하기 위해 어떻게 해야 할까?’ 라는 식으로 질문을 던져볼 수 있잖아? 그게 두 번째, 세 번째 단원으로 나오네.”

“형, 잠깐만요.”

나는 형의 말을 되새기며 급하게 펜을 움직였다.

◉ 암기 과목 흐름잡기

　1) 핵심 내용을 바탕으로 질문 던지기

　　예) – 사회 쟁점이란 무엇일까?

　　　　– 각 시대별 사회 쟁점은 무엇이었나?

　　　　– 쟁점 해결을 위해서는 무엇을 해야 하나?

　2) 교과서 내용을 중심으로 답을 찾기(한두 줄로 정리)

"어? 이런 식으로도 흐름을 잡을 수 있네요. 일종의 가지치기 방법인데요?"

"맞아. 모든 과목의 단원 구성은 다 연관되는 내용을 바탕으로 구성되어 있어. 1학년, 2학년, 3학년의 내용들도 다 그렇게 연결되어 있지. 그래서 먼저 그 연결 고리를 파악하며 전체적인 틀을 구성하는 거지. 이렇게 전반적인 설계도를 작성했다면, 이제는 출제 선생님의 특색에 따라 세부적 시험 공부를 진행시키는 거야."

"네? 무슨 뜻인지 잘 모르겠어요."

내가 어리둥절한 표정을 지으며 대답하자, 형이 연이어 질문을 했다.

"홍민아, 학교 시험 문제는 각 과목 선생님들께서 출제하시잖아? 특히 사회나 가정처럼 수업 시간 수가 적은 과목은 선생님들께서 몇 분 안 계시기 때문에 그분들의 출제 경향을 파악하는 것이 중요하지. 예를 들어, 홍민이네 학교 국사 선생님들께서는 역사적 사건의 연표를 자주 출제하신다고 생각해보자. 그러면 홍민이는 주요 사건 발생 년도를 반드시 외워야겠지? 즉, 암기 과목이라도 출제 스타일에 따라 외울 건 외우고, 넘어갈 건 넘어갈 수 있는 거지."

내가 고개를 끄덕이며 대답했다.

"아. 생각해보니 그러네요? 같은 교과서 내용일지라도 출제 선생님의 스타일에 따라 문제 유형이 많이 달라지겠어요. 형, 그러면 어떻게 선생님들의 출제 스타일을 알 수 있을까요?"

형이 이 질문을 기다렸다는 듯이 빠르게 대답했다.

"아주 좋은 자료가 있지. 바로 각 학교의 기출 문제들이야. 선생님들의 출제 스타일은 잘 변하지 않으시니까. 전년도, 혹은 전전년도 문제를 참고하며 대략적인 공부 방향을 정하는 거지. 난 선배 한 명에게서 얻은 기출문제를 바탕으로 시험에 대한 대략적인 감을 잡을 수 있었어. 홍민이도 친구나 학원, 인터넷 사이트 혹은 선배를 통해서 기출문제를 꼭 구해봐."

"우와. 기출문제를 푸는 게 엄청 중요하겠네요. 그거 하나만 잘 연구해도 시험 점수가 10점은 오르겠는데요?"

내 얼굴에 미소가 끊이지 않자, 형이 다소 경계심이 섞인 표정으로 이야기를 했다.

"그런데, 기출문제는 대략적인 공부 방향을 잡는 참고 자료로만 활용을 해야 해. 새로 부임하신 선생님이 출제하실 수도 있고, 출제 경향이 바뀔 수도 있는 거니까. 기출문제를 너무 신뢰하지는 말고. 알았지?"

"네!"

내가 자신감 있게 대답을 하니 형도 활짝 웃기 시작했다.

내신 정복을 위한 3주간의 계획을 세우자

"마지막으로, 시험 기간에는 시험 시간표를 작성해서 철저히 준비하는 게 정말 중요해. 홍민이는 시험 시간표를 짜서 공부해본 적 있니?"

"시간표요? 사실 제가 대부분 벼락치기로 준비했었다고 했잖아요. 별다르게 계획을 세워서 공부했던 적이 없어요."

부끄러운 표정을 지으며 내가 이야기했다.

"그랬구나. 그러면 이번에는 형이 알려주는 대로 계획표를 정해서 공부해봐. 보통 시험 2~3주 전에 시험 범위랑, 시험 시간표가 나오잖아? 그러면 그 시험 시간표를 바탕으로 3주 전인 오늘부터 시험 계획을 세우는 거야. 만약 시간표가 다음과 같이 나왔다고 생각해보자."

형이 펜과 종이를 꺼내 무언가를 쓰기 시작했다.

요일	월	화	수	목	금
과목	국사, 도덕	국어	영어	수학	사회, 정보

"그러면 2주 전부터 시험 시간표를 바탕으로 공부 계획표를 만들어보는 거야."

요일	월	화	수	목	금
2주 전	국사	국어	영어	수학	사회, 정보
1주 전	국사	국어	영어	수학	사회, 정보

"먼저, 3주 전에는 하루에 1~2시간씩 과목별로 한 번 쭉 훑어보며, 방금 얘기했던 것처럼 전반적인 흐름을 살펴보는 거지. 시험 범위 내 목차를 살피고 내용을 연관지으며 준비 운동을 실시하는 거야. 그리고 2주 전부터는 본격적으로 내신 준비 모드에 돌입하는 거야. 전 주에 작성했던 설계도를 바탕으로 세부 내용을 정리하고 입력하는 거지. 2주 전에 문제집을 한 번 풀어보며 본인의 강점과 약점을 체크하고, 1주 전에는 최종 마무리에 들어가보렴. 시험에 출제된다고 얘기된 내용도 집중적으로 살펴보고. 이때 시험 기출문제지를 살펴보며 최종 점검을 하는 거야."

"우와. 정말 체계적으로 준비하셨네요. 그런데요, 한 가지 문제가 있는 거 같아요."

"문제?"

"이렇게 계획을 세웠을 때 실제로 이행할 수 있는지 잘 모르겠어요. 그리고 수학 같은 경우는 하루 만에 끝낼 수는 없잖아요? 이 스케줄대로 가다가 수학 공부를 다 못 끝내면 어떻게 하죠?"

형이 고개를 끄덕이며 대답했다.

"좋은 질문이야. 하지만 계획은 70% 이상만 달성해도 성공이라는 것을 명심해. 그리고 이 시간표에 나와 있지 않은 부분이 있잖아? 하루에 마치기 버거운 과목은 토, 일요일을 이용해서 공부를 보충하는 거야. 그리고 3주 전과 2주 전에 공부하다 보면 대략적인 시험 공부량과 범위를 체크할 수 있잖아? 그러면 1주 전에는 그 양에 맞게 시간표를 조정하는 거지. 이 시간표를 100% 이행하지 않아도 좋아. 이는 다만 모든 과목을 균형 있게 공부하기 위한 도구일 뿐이니까."

"그렇군요. 에휴~제가 진작 이런 식으로 준비했었으면 얼마나 좋았을까요."

내가 아쉬움을 가득 담은 목소리로 넋두리를 했다.

"아직 결코 늦은 게 아니야. 이번 시험부터 이렇게 해보는 거야. 어때? 할 수 있겠어?"

나는 형이 적은 시험 계획표를 살펴보고 다시 한 번 마음을 잡으며 큰 소리로 대답했다.

"네! 한번 해볼게요."

나의 씩씩한 대답에 형이 만족했는지 활짝 웃었다.

"홍민아, 이제 중간고사가 다가오고 있지? 비록 과거의 성적이 별로 좋지 않더라도 결코 좌절하거나 포기하지는 마. 정작 중요한 건 바로 지금부터거든. 성실한 내신 준비가 곧 수능 준비로 이어진다는 생각으로 최선을 다해 준비해보렴."

형의 말을 들은 나는 바로 노트에 계획표를 그려보기 시작했다. 아직 시간이 3주 정도 있으니까 거기에 맞춰보면 될 것이다. 매일매일 내가 한 분량과 해야 할 분량을 과목별로 정하는 것이 필요했다. 나는 형이 돌아간 뒤에도 한참 동안 책상을 떠나지 않았다. 어느 정도 계획표를 짜고 나자 나도 모르게 힘이 불끈 솟는 것 같았다. '그래, 시작이 반 아닌가?' 그리고 나는 시험 삼아 형이 가르쳐준 방법대로 정치 교과서의 흐름을 정리해보았다. 그러느라 시간이 훌쩍 흘러버려 그 시간이면 늘상 떠오르던 게임도 까맣게 잊고 있었다.

⊙ 홍민의 내신 준비 필승 과제

　　① 3주간의 공부 계획표 작성하기

	월	화	수	목	금	토	일
3주 전							
2주 전							
1주 전							

　　② 과목별로 흐름을 잡아가며 공부하기

과목명	
목차 및 주요 흐름	
주요 질문	
핵심 개념	

언어 영역의 고수가 되는 법

Chapter 4

"언어 영역은 매일 1시간 반 정도는 공부하고 있어요. 그런데, 솔직히 어떻게 준비해야 될지 모르겠어요. 문제가 어디서 나올지도 잘 모르겠고요. EBS 문제만 풀고 있어요."

"그래, 좀 막연하지? 문제를 계속 푸는 것 밖에는 달리 방법이 없어 보이기도 하겠지. 출제 단원이 정해진 수리 영역이나 탐구 영역과는 달리, 언어 영역은 그 출제 범위가 매우 광범위하기 때문에 다소 헷갈릴 수도 있을 거야. 때문에 언어 영역을 잘 풀기 위해서는 먼저 수능 언어 영역 시험이 어떤 시험인지를 잘 분석할 필요가 있어."

"네? 어떤 시험인지 분석한다고요?"

언어 영역의 고수가 되는 법

언어 영역, 지속적인 시간 투자가 필요하다

"어때, 중간고사는 좀 괜찮았어?"

형을 만나 오랜만에 등산을 했다. 형은 나뭇가지 사이로 스며드는 햇살을 듬뿍 받으며 나를 쳐다보았다. 형의 얼굴 위로 잔잔한 햇살이 아른거렸다.

"네. 이번에 암기 과목 성적이 많이 올랐어요. 형 말대로 해보니 벼락치기 할 때와는 정말 많은 차이가 있더라고요. 모든 과목을 체계적으로 여러 번 보게 되니까 더 확실하게 학습이 되는 거 같아요. 확실히 기억에도 오래 남고요"

가파른 경사 때문에 나는 숨을 헐떡이며 간신히 말을 꺼냈다.

"홍민이는 역시 학습 속도가 빠르다니까."

"이번 시험을 통해 내신 준비에 대한 감을 잡을 수 있었던 거 같아요. 기말고사랑 2학기 중간고사도 이런 식으로 공부하면 내신은 크게 문제없을 것 같다는 생각이 들어요."

"그래, 이제 그것을 습관화하면 되는 거야."

"그런데요, 내신만 붙잡고 있을 순 없잖아요. 내신 생각하다 보면 또 수능이 고민이에요. 정작 수능 준비는 어떻게 해야 할지 잘 모르겠거든요. 내신이야 형이 알려준 것처럼 계획표를 작성해서 차근차근 준비할 수 있지만 수능 준비는 전혀 다른 차원의 이야기니까요."

"맞아. 많은 아이들이 그렇게 내신과 수능을 이중으로 고민하지."

"전 정시 전형에 집중할 건데, 그러려면 수능을 매우 잘 봐야 하잖아요? 혹시 각 영역별로 특별한 준비방법이 있을까요?"

"그러면 이제 수능에 관한 이야기를 해봐야겠구나? 홍민이는 네 가지 영역 중 어떤 과목이 제일 고민이야?"

나는 한 치의 주저함도 없이 대답했다.

"제일 걱정되는 건 수리 영역이에요. 수학은 정말 자신이 없거든요. 문제를 봤을 때 앞이 깜깜할 때도 많고요."

형은 공감한다는 듯 고개를 끄덕였다.

"하긴, 나도 수리 영역이 제일 큰 골칫덩어리였지. 그러면 홍민이가 제일 좋아하는 과목은 뭘까?"

"저는 언어가 제일 편하고 좋아요. 그나마 현재 점수도 가장 잘 나오는 과목이고요."

나무 기둥을 붙잡고 숨을 잠시 고른 나는 근처에 보이는 벤치에 걸터앉았다. 고등학교에 올라온 이후로 별다른 운동을 하지 않았더니 체력이 급격히 떨어졌나 싶었다.

"오랜만의 등산이라 조금 힘들구나. 그래, 좀 쉬어 가자. 가뜩이나 등산도 힘든데 싫어하는 수리 영역 이야기를 하는 건 왠지 예의도 아닌 것 같은데, 하핫. 그러면 먼저 언어 영역부터 시작해볼까? 홍민이가 가장 자신 있다니 말이야."

의자에 앉아 숨을 돌린 뒤, 형에게 말했다.

"언어 영역은요, 공부를 꽤 한다고 생각하는데 점수는 잘 안 오르는 거 같아요. 현재 시간을 가장 많이 쏟는 과목인데, 지난 1학년 때랑 점수 차이가 별로 안 나요."

형은 내 이야기를 듣더니 고개를 끄덕이며 이야기했다.

"맞아. 언어 영역은 일정 수준 이상으로는 점수가 쉽게 오르지 않긴 해. 언어 영역의 핵심은 독해력인데, 독해력 향상을 위해서는 많은 노력이 필요하거든. 모의고사 풀 때 시간이 부족하진 않고?"

"시간 엄청 부족하죠. 뒷부분의 한두 지문은 풀지도 못하고 찍는 경우도 많았어요."

내가 한숨을 쉬며 대답했다.

"그래. 아마 대부분이 그럴 거야. 언어 영역은 특히 시간과의 싸움이라고 볼 수 있어. 한정된 시간 내에 많은 글을 읽고 문제를 풀어야 하니까. 그럼 현재 언어 영역 준비는 어떻게 하고 있어?"

"매일 1시간 반 정도는 공부하고 있어요. 그런데, 솔직히 어떻게 준비해야 될지 모르겠어요. 문제가 어디서 나올지도 잘 모르겠고요. 그저 EBS 문제만 풀고 있어요."

"그래, 좀 막연하지? 문제를 계속 푸는 것밖에는 달리 방법이 없어 보이기도 하겠지. 출제 단원이 정해진 수리 영역이나 탐구 영역과는 달리 언어 영역은 그 출제 범위가 매우 광범위하기 때문에 다소 헷갈릴 수도 있을 거야. 때문에 언어 영역을 잘 풀기 위해서는 먼저 수능 언어 영역 시험이 어떤 시험인지를 잘 분석할 필요가 있어.”

출제 분야 파악으로 전략을 수립하자

내가 다소 의아한 목소리로 되물었다.

“네? 어떤 시험인지 분석한다고요?”

“그렇지. 무작정 공부하기 전에, 먼저 어떻게 공부해야 할지 전략을 세워야 하거든. 언어 영역 시험은 전반적인 국어 실력을 평가하기 위해 출제되는 시험이야. 그래서 듣기, 쓰기, 읽기 부분이 골고루 출제되는 거지. 여기서 문제 하나. 언어 영역에서는 몇 문제가 나올까?”

형이 웃으며 이야기했다.

“50문제요.”

고교 진학 뒤 여러 번 봤던 모의고사를 되짚어보며 이야기했다.

“좋아. 50문제야. 그중에 듣기 문제로 10%, 쓰기 문제로 15% 정도가 출제돼. 그런데 듣기 부분은 영어 듣기와 달리, 한국말을 묻는 문제이기에 별다른 어려움 없이 잘 풀 수 있을 거야. 쓰기 같은 경우도 상당히 정형화되어 있기 때문에 비교적 쉽게 풀 수 있지. 그럼 이제 관건은 남은 75%의 문항을 어떻게 해결하느냐에 달려 있는 거지.”

형 이야기를 듣고, 내가 풀어보았던 모의고사 시험들을 떠올려보았다.

“그러네요? 처음에 듣기와 쓰기 문제가 배치되었는데, 그 비중이 그리 높지는 않았던 거 같아요. 그러면 남은 75%는 문학과 비문학 부분이겠네요?”

“응. 남은 75% 중 30~35%는 문학 부분, 40~45%는 비문학 부분에서 출제되는 거야.”

말을 마친 형은 가방에서 노트를 꺼내 문항 수가 담긴 표를 보여주었다

“홍민아, 이 표는 2009년 수능 언어 영역 시험에 출제된 50문제의 출제 분야를 비교한 거야. 어때? 형이 말한 것과 비슷한 수치지?”

영역	듣기	쓰기	문학	비문학
출제 비율	10%	14%	34%	42%
문항 수	5	7	17	21

　모의고사를 몇 번 치러서 대충 출제 분야를 알고는 있었지만, 막상 이렇게 문제 수 분석을 해보니 공부 방향이 보다 명확해지는 느낌을 받았다. 이전엔 별 생각 없이 문제집에 나오는 대로만 풀었는데 형 말을 들으니 이제는 문학과 비문학의 공부 비중을 1:1로 해야 할 것 같았다. 그때 다시 형의 목소리가 들렸다.

　"홍민아, 그런데 이게 분석의 전부가 아니란다."

　"뭐가 더 있는 거예요?"

　"이제는 문학과 비문학을 조금 더 세부적으로 파고 들어가 보는 거야. 문학 분야는 어떻게 구성되는지 알고 있니?"

　"시랑, 소설이랑, 희곡. 뭐 이런 식으로 나왔던 거 같은데요?"

　"기억력이 좋은데? 그런데 시는 현대시, 고전시가로 더 나누어 볼 수 있고, 소설도 현대소설과 고전소설로 나누어볼 수 있지. 그 외 희곡, 시나리오, 평론, 수필 등의 지문도 실리고 말이야."

　"와, 한없이 세분화되는 것 같네요."

"이걸 보면 좀 더 잘 보일거야."

형은 노트의 다음 장에 기록된 표를 가리켰다.

"이 표는 2009년 수능 시험 언어 영역에 출제된 문항들의 세부 분석표야."

분야	시		소설		희곡, 시나리오, 평론 등
수록 작품	님의 침묵, 나뭇잎 하나	춘면곡	역사	박씨전	난쟁이가 쏘아 올린 작은 공
세부 분야	현대시	고전시가	현대소설	고전소설	시나리오
문항 수	6		4	4	3

출제 표에선 〈님의 침묵〉, 〈난쟁이가 쏘아 올린 작은 공〉 등 익숙한 작품이 눈에 먼저 들어왔다.

"형, 저 작년에 수능 시험 봤으면 문학 시랑 시나리오 부분은 자신 있게 풀 수 있었을 거 같아요. 〈난쟁이가 쏘아 올린 작은 공〉은 중학교 때 필독서로 읽었고, 〈님의 침묵〉과 〈나뭇잎 하나〉는 작년에 학교에서 배웠었거든요."

형이 고개를 끄덕이며 이야기했다.

"그렇지. 아는 작품이 출제되면 푸는 시간이 꽤 단축되겠지? 그래서 많은 책을 읽으며 여러 문학 작품을 접한 학생이 유리한 거야. 방학 때는 시간을 내서 현대문학 단편선을 읽어보는 것도 좋지. 참, 학교 수업도 열심히 참여해야 한다는 것 알겠지? 최근에 현대시 분야는 교과서 지문에서 상당히 많이 출제되고 있거든. 소설 분야도 종종 교과서 지문에서 출제되기도 하니까 수업 시간엔 최대한 집중해서 작품을 접해보는 거야. 그리고 문학 문제집을 통해 다른 다양한 작품을 접해가는 거지."

"그런데요, 〈박씨전〉이나 〈춘면곡〉등 고전문학 부분은 어떻게 준비해야 되죠?"

"아마 고전문학과 친해지는 게 그리 쉽지는 않을 거야. 나역시 고전문학이 제일 어려운 분야 중 하나였어. 난해한 단어나 익숙하지 않은 문체 때문에 해석하는 데에도 많은 시간이 걸리곤 했어."

"네, 맞아요. 학교에서 고전문학 작품을 몇 개 배웠었는데 도통 알아듣지를 못했어요."

"하지만 너무 걱정하지는 마. 고전문학은 그 작품 수가 제한되어 있기 때문에 그나마 천만다행인 거지."

"네? 작품 수가 제한되어 있다니요?"

"현대문학과 비교했을 때를 이야기하는 거야. 아무래도 역사를 거치며 소실된 작품이 많으니까 전래되는 작품은 많지 않잖아?"

"아. 그러네요? 고전문학이 지금 새롭게 생겨나지는 않을 테니까요."

내 말에 형이 큰 웃음을 터뜨렸고, 나 역시 덩달아 웃었다.

"홍민아, 일단 학기 중에는 현대문학 위주로 공부를 하고, 여름방학 때 집중적으로 고전문학을 공부해봐. 특히 고전시가 같은 경우는 반복해서 읽으며 익숙해질 필요가 있어. 혼자 공부하기가 어렵다면 고전문학을 다루는 인터넷 강의를 수강하는 것도 좋은 방법일거야."

형의 상세한 설명을 들으니 문학 분야의 윤곽이 조금씩 잡혀가기 시작했다. 형 말처럼 학기 중에는 현대문학에 초점을 맞추어야겠다고 생각하며, 가방을 뒤적여보았다. 그런데 형과의 수업에서 사용하는 노트가 보이질 않았다.

'아, 오늘 아침에 챙긴다는 걸 깜박했구나.'

나의 건망증을 탓하며 수첩에서 종이 한 장을 뜯어, 형과의 수업 내용을 정리해보았다.

⊙언어영역 준비 방법

　　1) 문학과 비문학의 공부 비중 = 1 : 1

　　2) 문학 준비

　　　　- 학기 중 : 현대문학

　　　　- 방학 때 : 고전문학

문단 요약 연습은 독해력 향상의 지름길이다

"형, 그러면 비문학은 어떻게 준비해야 돼요? 비문학 지문
도 문학 분야처럼 상세 분석이 가능한가요?"

"음. 그럴 수도 있고 아닐 수도 있어. 비문학은 보통 언어,
예술, 기술, 과학, 인문, 사회 분야에서 다섯 지문 정도가 출제
돼. 그런데, 분야는 다양할지라도 결국 논설문이나 설명문의
형태로 글이 표현되잖아? 그래서 평소에 분야에 상관없이 많
은 글을 읽으며 독해 연습을 충실히 할 필요가 있어."

형이 말을 마침과 동시에 평상시에 너무나 궁금하던 질문을
던져보았다.

"저는 비문학 지문 때문에 항상 시간이 부족한 거 같아요.
그래서 빨리 읽어보려고 시도하면 그때는 또 내용이 정리가
안 돼요. 그래서 문제를 보고 다시 지문을 읽다 보면 시간은

더 흘러가거든요. 도대체 어떻게 해야 될까요?"

형이 고개를 끄덕이며 대답했다.

"응. 그 점이 비문학 독해의 딜레마야. 천천히 읽으며 내용을 파악하면 시간이 부족하고, 빨리 읽다 보면 내용을 놓치게 되지. 그렇기 때문에 방법은 한 가지밖에 없어. 빠르게 글을 읽으면서 내용을 정확히 파악해야 하는 거지."

"네? 그건 당연한 이야기잖아요? 다만 그렇게 하지 못하니까 그게 문제지요!"

내가 형에게 항의하듯 물어보았고, 형은 이해한다는 듯 미소를 지으며 이야기를 이어나갔다.

"그래. 그렇기 때문에 독해 연습이 필요한 거야. 지속적인 훈련이 필요한 거지. 시간이 조금 소요되지만, 그 효과만큼은 확실한 방법이야. 빠르고 정확한 독해를 위한 필수 관문이기도 하지."

"독해 연습이라는 게 대체 뭐예요?"

형은 한동안 뜸을 들이며 궁금해죽겠다는 표정을 짓는 나를 바라보았다.

"그건 바로 글을 읽고, 요약하는 연습이야. 글을 읽으며 중심 내용을 파악하고 한두 문장으로 그 주제를 적어보는 연습이지. 먼저 각 문단별로 중심 내용을 간단하게 적고, 그 문단 간 관계를 파악하는 거야. 그 뒤 전체 제시문의 주제를 적어보는 거지."

말을 마친 형은 글씨가 빼곡히 인쇄된 종이 한 장을 꺼내서 나에게 건네주었다.

"먼저 이 글을 한 번 읽어볼래?"

컴퓨터에서 동영상을 본 사람은 한 번쯤 '어떻게 작은 파일 안에 수십만 장이 넘는 화면들이 들어갈 수 있을까?' 하는 의문을 가진 적이 있을 것이다. 동영상 압축은 막대한 크기의 동영상 데이터에서 필요한 정보만 남김으로써 화질의 차이는 거의 없이 데이터의 양을 수백분의 일까지 줄이는 기술이다. 동영상 압축에서는 일반적으로 화면 간 중복, 화소 간 중복, 통계적 중복 등을 이용한다.

동영상은 연속적인 화면의 모음인데, 화면 간 중복은 물체가 출현, 소멸, 이동하는 영역을 제외하고는 현재 화면과 이전 화면이 비슷한 것을 말한다. 스튜디오를 배경으로 아나운서가 뉴스를 보도하는 동영상을 생각해보자. 현재 화면을 이전 화면과 비교하면 아나운서가 움직인 부분만 다르고 나머지는 동일하다. 따라서 현재 화면을 모두 저장하지 않고 변화된 영역에 해당하는 정보만 저장하면 데이터의 양을 크게 줄일 수 있다.

"다 읽었니?"

"네. 동영상 보면서 평상시에 궁금했던 것이기도 해서 재미있게 읽을 수 있었어요."

"다행이다. 이 글은 두 문단으로 나뉘어 있지? 그러면, 두 문단들의 중심 내용을 짚어볼 수 있겠어?"

나는 글을 한 번 더 읽어보았다. 중요 부분이라고 생각되는 부분은 밑줄도 쳐가며 되도록 꼼꼼히 읽으려 노력했다.

"첫 번째 문단은요, 동영상 압축 기술에 대해 이야기하고 있어요. 두 번째 문단은 동영상 압축의 원리에 대해 이야기하고 있는 것 같네요?"

"우와, 홍민이 대단하구나. 잘 짚어냈어. 그러면 다음 문단도 한번 읽고 요약해봐."

하나의 화면은 수많은 점들로 구성되는데, 이를 화소라 한다. 각각의 화소는 밝기와 색상을 나타내는 화소 값을 가진다. 화소 간 중복은 한 화면 안에서 서로 가까이 있는 화소들끼리 화소값의 차이가 별로 없거나 변화가 규칙적인 것을 말한다. 동영상 압축에서는 원래의 화소값들을 여러 개의 성분들로 형태를 변환한 다음, 화질에 거의 영향을 미치지 않는 성분들을 제거하고 나머지 성분들만을 저장한다.

이때 압축 전후의 화소들의 개수에는 변화가 없으나 변환된 성분들을 저장하는 개수가 줄어들기 때문에 화질의 차이가 별로 없이 데이터의 양을 크게 줄일 수 있다. 그런데 화면이 단순할수록 또 규칙적일수록 화소 간 중복이 많아서, 제거 가능한 성분들이 많아진다. 다만 이들 성분을 너무 많이 제거하면 화면이 흐려지거나 얼룩이 지는 등, 동영상의 화질이 나빠진다. 이러한 과정은 우유에서 수분을 없애 전지분유를 만들면 부피는 크게 줄어들지만 원래 우유의 맛이 거의 보존되는 것과 비슷하다.

다시 한 번 집중해서 찬찬히 살펴보았다. 한번 쓱 훑어보고 싶은 충동도 생겼지만 형 앞에서 제대로 해보고 싶었다.

"이 부분은요, 화소의 개념에 대해서 이야기를 하고 있네요? 음. 동영상의 압축 부분 원리를 조금 더 상세하게 설명하고 있는 거 같아요."

"잘 짚어내고 있어. 그러면, 이 글의 전체적인 주제는 무엇일까?"

"합쳐서 생각해보면 동영상의 압축 원리 정도로 요약해볼 수 있을 거 같은데요?"

형이 기특하다는 듯이 내 등을 토닥이며 말했다.

"맞아! 잘했어. 비문학 독해의 능력자가 될 수 있겠는데?"

"잘 한 거예요? 글이 비교적 쉬워서 그랬던 거 같아요."

"비교적 쉬웠다니 정말 감사한 일이다. 이건 2009년 수능 기출 지문이었거든."

"네? 이게 수능 지문이었다고요?"

내가 깜짝 놀라서 형에게 되물었다.

"응, 할만하지? 홍민아, 언어 영역에 그렇게 겁먹을 필요가 없어. 충분히 할 수 있잖아. 이런 분석 및 요약 연습을 꾸준히 계속해봐. 하루에 3~4지문 정도를 목표로 삼고, 보다 더 정교하게 분석해나가는 거지."

"형, 이렇게 하면 정확한 독해를 할 수 있다는 건 알겠는데요, 속도는 오히려 많이 늦어지겠는데요? 모의고사 볼 때 비문학만 풀다가 끝나겠어요."

"물론, 모의고사 풀 때는 원래 하던 것처럼 해야지. 이건 평상시에 공부할 때 연습을 말하는 거야. 처음엔 시간이 상당히 많이 소요될지도 몰라. 어려운 지문을 접하게 되면 한 번에 10~20분이 걸리기도 하거든. 그런데 이런 연습을 6~7개월 계속 하다 보면 신기한 현상이 생길 거야.”

“신기한 현상이요?”

“응. 지문 한 문단을 읽으면 바로 그 중심 내용이 떠오르는 거지. 예전엔 몇 번을 읽고 중심 내용을 써야 했지만, 이 노력이 축적되다 보면 중심 내용이 자동적으로 정리될 거야. 빠르고 정확한 독해가 가능해지는 거지.”

“글의 중심 내용이 자동적으로 정리된다고요? 정말 그런 일이 가능할까요?”

“그럼. 꾸준한 훈련은 결국 위력을 발휘하기 마련이거든. 형이 직접 경험한 일이니 자신 있게 이야기할 수 있어.”

“하루에 3~4문제씩이라.”

나는 아침 시간, 점심 시간 혹은 쉬는 시간을 이용해서 한 문제씩만 해도 충분하겠다는 생각이 들었다.

“그리고 이러한 연습을 많이 하면 좋은 점이 한 가지 더 있어. 수능시험뿐 아니라 대학교에 가서도 효과를 발휘한다는 거야. 대학에서는 대부분 수업에서 많은 읽기자료를 내주거든. 그 글을 읽고 요약문을 제출하기도 하고, 여러 참고자료를 바탕으로 보고서를 작성하기도 해야 돼. 이런 훈련이 잘 돼 있는 학생들은 빠르게 글을 읽으며 단기간 내에 많은 정보를 획득할 수 있지. 덕분에 훨씬 수업이나 과제가 훨씬 수월해지고."

형의 이야기를 들으니, 이러한 연습이 시험과 또 앞으로의 대학생활을 위해서 매우 중요하다는 것을 알았다. 문제를 몇 문제나 풀었느냐가 아니라, 일단 3~4문제의 연습으로부터 시작한다고 생각하니 오히려 마음이 가벼워졌다. 높은 계단을 한꺼번에 올라가느라 힘이 드는 것이 아니라 한 계단, 한 계단씩 찬찬히 밟아 올라가는 느낌이었다. 시원한 바람을 맞으며 대학 강의실에서 빠르게 글을 읽고 있는 나의 모습을 상상했더니 기분도 매우 상쾌해졌다. 나는 노트로 다시 시선을 돌려 오늘 수업을 정리해보았다.

◉ 비문학 독해 비법

  1) 비문학 출제 영역

    - 언어, 예술, 기술, 과학, 인문, 사회

  2) 비문학 독해 연습 방법

    - 문단별 내용 요약하기 / 요약 후 중심 내용 찾기

    ※ 하루에 3~4 지문씩 연습!

"홍민아, 우리 너무 오래 앉아 있었다. 이제 다시 산행을 시작해볼까?"

"네!"

나는 큰 소리로 대답하며 힘차게 자리에서 일어섰다.

오늘 산행은 어땠어? 정상에 올랐을 때 표정이 매우 뿌듯해보이더라. 언어 영역은 꾸준한 노력과 시간투자가 필요한 영역이야. 얼마간 점수가 잘 오르지 않는다고 해도 포기하지 말고 기본이 되는 연습들을 꾸준히 해보렴.

다음 표는 언어 영역의 출제 분야를 분야 별로 정리해놓은 표야. 스스로 생각했을 때의 현재 실력을 상·중·하로 체크해봐. 그 후에 지금까지 풀었던 모의고사나 문제집을 다시 확인하며 틀린 빈도를 체크하는 거야. 이러한 점검을 통해 앞으로의 공부 방향과 주안점을 분석해보도록 해.

출제 분야		현재 실력	틀린 빈도
1. 문학	시	상, 중, 하	상, 중, 하
	소설	상, 중, 하	상, 중, 하
	수필, 희곡, 시나리오, 평론	상, 중, 하	상, 중, 하
	고전 시가	상, 중, 하	상, 중, 하
	고전 소설	상, 중, 하	상, 중, 하
2. 비문학	인문	상, 중, 하	상, 중, 하
	사회	상, 중, 하	상, 중, 하
	과학	상, 중, 하	상, 중, 하
	예술	상, 중, 하	상, 중, 하
	언어	상, 중, 하	상, 중, 하
3. 쓰기	내용 생성하기	상, 중, 하	상, 중, 하
	내용 표현하기	상, 중, 하	상, 중, 하
	표현하기	상, 중, 하	상, 중, 하
	퇴고하기	상, 중, 하	상, 중, 하

수리 영역과 친해지는 법

Chapter 5

"무수한 시행착오는 어려운 문제를 풀기 위해서 필수적으로 겪어야 하는 과정이야. 수학 문제를 풀 때 가급적 먼저 답을 보지 말도록 해. 먼저 네 스스로 경우의 수를 많이 찾아가는 거야. 씨름판에서 서로 샅바를 붙잡고 있는 씨름 선수를 생각해 봐. 상대방이 넘어지지 않는다고 해서 기술 한두 가지만을 찔끔 시도하다가 마는 선수는 없잖아? 메치기, 엎어치기, 오금 당기기 등 같은 기술을 적용하잖아."

어렸을 때 할아버지를 따라 씨름 장사 대회를 갔던 내가 떠올랐다. 두 거구가 똥을 맞대고 팔자형으로 상대를 쓰러뜨리려 노력하는 장면을 잊을 수가 없었다.

수리 영역과 친해지는 법

수학의 기초 개념을 확실히 다지자

오늘은 형을 만나러 가는 발걸음이 매우 가벼웠다. 형을 만나면 하고 싶은 이야기도 많았다.

"홍민아, 표정이 매우 밝네. 무슨 좋은 일이라도 있었던 거야?"

나는 방긋 웃으며 대답했다.

"네, 매일 두 개씩 언어 영역 제시문 요약을 계속 하고 있거든요. 그런데 하면 할수록 시간이 조금씩 줄어드는 거 같아요. 처음엔 한 지문 요약하는데 15분이 넘게 걸렸는데, 아까는 처음으로 5분 만에 한 지문을 끝냈어요."

"홍민이가 꾸준히 하는 모습을 보니 기분 좋다. 드디어 5분 벽을 돌파했구나. 그 연습을 계속하다 보면 어느 순간 지문을 읽는 동시에 요약 문장이 떠오르는 시점이 오게 될 거야. 참, 날씨도 더운데 시원한 것 좀 먹을까?"

근처 팥빙수 집으로 자리를 옮긴 우리는 얘기를 계속해나갔다.

"참, 수리 영역은 좀 수월해졌어? 나도 고등학교 때 수학 때문에 무지 고민을 많이 했었거든."

입으로 향하던 숟가락이 순간 멈칫했다.

"수학만 생각하면 머리가 아프죠. 어디서부터 공부해야 할지도 모르겠고, 문제 풀려고 하면 짜증부터 나고요. 이번 달부터 인터넷 강의를 듣기 시작했거든요. 수업 들을 때는 이해가 가는 것 같은데, 막상 문제를 풀려고 하면 내용이 기억이 안 나요. 형도 수학 안 좋아하셨다면서요? 근데 어떻게 서울대학교에 들어간 거예요?"

형이 활짝 웃으며 고개를 끄덕였다.

"나는 정말 운이 좋았던 거 같아. 사실, 수학엔 거의 흥미가 없었거든. 어려서부터 '너는 수학을 왜 그렇게 못하니' 라는 이야기를 굉장히 많이 들었어. 못한다고 생각하니 수학에서 더욱 멀어지고, 그러니 더욱 못하는 악순환이 발생한 거야. 심지어 중2 때는 수학 과목에서 48점을 받기도 했었어.”

“48점이요? 형도 그런 점수를 받았단 말이에요?”

나는 깜짝 놀라 형에게 되물었다. 늘 전교 상위권이었을 거라고 생각한 형도 그런 점수를 받았을 줄이야.

“시험 전날 공부한다고 독서실에 갔는데 공부는 안 되고 친구들이랑 오락실만 다녀온 거야. 다음날 오전 시험지를 받았는데, 정말 눈앞이 깜깜해지더라. 결국 시험지를 거의 찍다시피 하고 교실 밖으로 나왔어. 다음 시험에 분발해서 성적이 오르긴 했지만 수학에 대한 두려움은 쉽게 없어지지 않더라고.”

형은 당시의 기억을 회상하는 듯 했다. 형이 물을 한 모금 마신 뒤 이야기를 계속했다.

“다행히 고등학교 때는 내신부터라도 시작해보자 싶어서 수업 시간에 집중해서 들었고, 덕분에 교과서 기본 개념엔 익숙해졌지. 다만 모의고사에서는 난이도가 높은 문제가 나오면 여전히 속수무책으로 헤맸어. 그러다가 고3 1학기 기말 고사

기간에 문제를 풀어나가는 즐거움을 처음으로 깨닫게 됐어. 어려운 문제라도 기본 원리를 응용하며 끈질기게 씨름하니 한 문제씩 풀리더라고. 덕분에 문제집 한 권을 다 풀어낼 수 있었고, 그 뒤 수학에 대한 흥미와 자신감이 생긴 거지.”

“어떻게 그런 일이 있을 수 있지요? 갑자기 수학 문제가 재미있어진 거예요?”

“글쎄, 수학 문제를 푸는 길이 보이기 시작했다고 할까? 포기하지 않고 계속 물고 늘어지니 한 단계씩 해결이 되기 시작하더라고. 난공불락의 요새처럼 보이던 문제가 하나씩 해결될 때의 쾌감이 얼마나 컸는지!”

“형, 그게 가능할까요? 저도 얼른 그런 경지에 도달했으면 좋겠어요. 제가 무엇부터 시작하면 좋을까요?”

형은 잠시 생각을 한 뒤 대답했다.

“만약, 홍민이가 비교적 수학의 기초 개념이 튼튼하게 정립되어 있다면, 난이도가 있는 문제를 통해 응용력을 길러가는 게 좋을 거야. 하지만 기초 개념이 취약하다면, 먼저 이 부분부터 확실히 다져놓아야 해. 기초 개념을 잘 알아야 응용 문제를 맞닥뜨렸을 때, 여러 방안을 시도하며 생각을 전개시킬 수 있거든.”

"저는 1학년 때 '수학-가' 부분은 어느 정도 공부를 해놨었어요. 학원에서도 배우고, 교과서 문제도 많이 풀었거든요. 그런데 2학기 함수 부분부터는 수학에서 손을 놨던 거 같아요."

"그래, 대부분 어느 시점부터 손을 놓기 시작하지. 사람마다 다르겠지만 나도 중학교 때 함수 부분에서 거의 포기하다시피 했었어."

형은 공감한다는 듯 말했다.

"그러면 이럴 때는 먼저 2학기 교과서부터 공부해야 할까요?"

"무조건 개념 학습부터 들어가려고 하면 지루해져서 금세 손을 떼기가 십상이야. 어느 정도 공부를 해놓았다고 하니 먼저 '수학-나' 문제집의 단원별로 개념 확인 문제를 풀어보렴. 그래도 한 번 배웠기 때문에 잘 이해하고 있는 부분도 있을 거야. 그리고 자주 틀리거나 개념 이해가 어려운 약한 부분을 체크한 뒤 따로 그 부분만 집중해서 선별적으로 공부해봐. 그러면 각 단원별로 개념학습에 소요되는 시간을 줄일 수 있어. 이렇게 기초 개념을 확립하고 나서 난이도 문제로 넘어가는 거야. 처음부터 너무 어려운 문제를 접하면 흥미를 잃게 되거든. 그러니 점차적으로 난이도를 높여가렴. 어느 정도 기초 실력이 다져지면, 응용력 향상에 초점을 맞추는 거야."

“수학에도 차근차근 밟아야 할 단계가 있나 보네요. 그런데 개념을 잘 알고 있더라도 막상 문제를 풀려고 하면 실마리가 잡히지 않아서 자주 막히게 되요.”

올바른 문제 해석이 문제풀이를 좌우한다

“그래, 모든 공부는 사실 ‘개념—기본문제—응용문제’ 순으로 풀어나가는 것이 좋지만 말처럼 쉽지 않지. 특히 수학은 더 그렇고.”

교과서적 해답 뒤로 형만의 노하우가 숨어있을 거라는 사실을 짐작한 나는 형이 어떤 해결방법을 제시해줄지 매우 궁금했다.

“홍민아, 혹시 ‘문제 안에 답이 있다’, ‘문제만 잘 봐도 50%는 풀린다’는 얘기 들어본 적 없어?”

“선생님들께서 여러 차례 강조하시는 걸 들은 적은 있어요. 그런데 실제로 어떤 뜻인지는 잘 모르겠어요.”

“그래? 나도 시간이 지나 보니까 이 말의 뜻을 잘 알겠더라고. 이건 여러 문장의 설명보다도 문제를 통해 직접 확인하는 게 더 나을 거 같아. 다음 문제를 한 번 볼래?”

형이 가방에서 다시금 종이 한 장과 펜을 꺼냈다.

나는 고개를 꺄웃거리며 형을 쳐다보았다. 형은 나에게도 문제가 적힌 종이를 받아들더니 살짝 미소지었다.

22.어떤 물질은 원자를 구로 나타낼 경우 똑같은 구들을 규칙적으로 배열하여 얻은 정육각형 격자 구조를 갖는다. 아래 그림은 이 격자구조의 한 단면에 놓여 있는 원자의 중심을 연결한 것이다. 이 구조에서 한 원자의 에너지는 인접한 원자의 수와 거리에 영향을 받는다. 가장 인접한 원자의 중심간의 거리가 모두 1일 때, 동일 평면상에서 고정된 한 원자와 중심사이의 거리가 $\sqrt{7}$인 원자의 개수는? [3점]

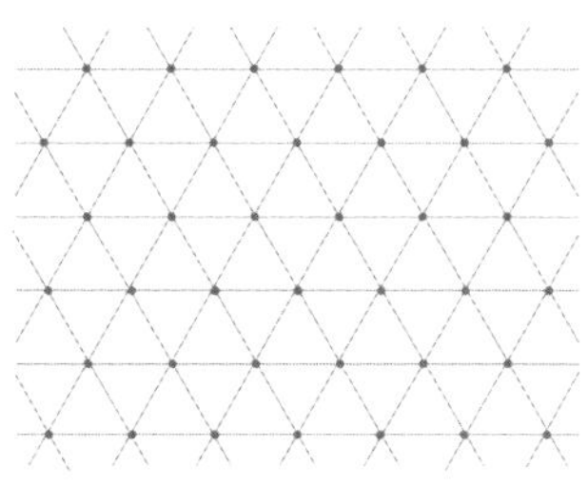

① 4　　② 6　　③ 8　　④ 12　　⑤ 16

[2002년 수리 영역(인문계, 홀수형)]

어지럽게 들어선 점들의 향연을 보니 갑자기 눈이 어지러워졌다. 한참을 생각하며 종이에 이런저런 풀이 방법을 떠올려 보던 내가 형에게 이야기했다.

"형, 도저히 못하겠어요. 도대체 이 문제가 무엇을 물어보는지도 모르겠어요. 원자 얘기가 나오니 과학적 지식을 활용해야 하는 건가 싶기도 하고요, 도저히 모르겠어요."

"사실, 그런 반응이 지극히 정상적인 거야. 이 문제는 유난히 어려웠던 2002년도 수리탐구 기출문제거든. 나도 이 문제를 보고 많이 당황했었어. 어떻게 접근해야 할지 떠오르지가 않더라고. 시험 종료시간을 20여분 앞두고서야 겨우 실마리를 잡았던 문제란다."

"형도 어려워했던 문제네요?"

"응. 사실 이 문제가 헷갈리는 이유는 무수히 찍힌 점들과 '원자' 라는 표현이 등장하기 때문이야.

문제를 잘 해석하지 않으면 매우 풀기 어려운 문제야. 반면, 문제 해석만 정확히 이루어지면 매우 쉽게 풀리게 돼. 만약 문제가 '큰 점으로부터 거리가 $\sqrt{7}$인 점들의 개수는 얼마인가?' 였다면 어땠을까?"

"그렇다면 꽤 쉽죠. 피타고라스 정리를 이용하면 될 거 같은데요?"

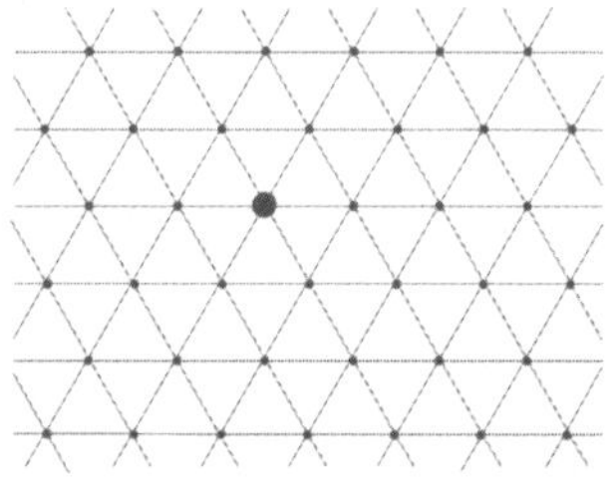

"그렇지? 이런 문제라면 쉽게 풀 수 있을 거야. 피타고라

스 정리를 활용한 응용 문제를 꽤 접했을 테니까. 자, 다시 한 번 문제를 잘 읽어보렴. 이 문제는 한 원자와 중심 사이의 거리가 $\sqrt{7}$인 원자들의 개수를 물어보는 거잖아? 그러니까 한 점을 고정해서 그 점과 다른 점 사이의 거리가 $\sqrt{7}$인 점들의 개수를 찾으면 되는 거야.”

“어? 그러네요? 문제 해석만 잘해도 훨씬 쉬워지는데요?”

“맞아. 문제가 어렵다고 느껴진다면, 한 발짝 물러나서 문제 자체를 잘 생각해보는 거야. 무작정 문제를 풀려다 보면 더 복잡해지거든. 먼저 문제를 단순화시킨 뒤, 어떤 원리를 적용할지 생각해보는 거야. 이 과정만 잘 이루어지면 첫 번째 고비는 잘 넘긴 거야.”

다시금 마음을 가다듬고 문제를 다시 한 번 살펴보았다. ‘아무리 그래도 이렇게 쉽게 풀릴 것 같지는 않았다. 무언가 특별한 원리가 적용될 줄 알았는데, 결국은 형의 접근 방법 외에 별 다른 방안이 없는 것 같았다.

“형, 어려운 수학 문제를 풀기 위해선 특별한 이론과 원리들을 배워야 한다고 생각했었거든요. 그런데 어려워 보이는 이 문제도 결국 피타고라스의 정리로 해결되는 거네요?”

“응. 신기하지? 어려운 문제든 쉬운 문제든 그 문제를 풀기 위해 요구되는 기본 원리는 똑같거든. 다만 그 원리의 응용 정도에 따라 난이도가 결정되는 거야. 만약 한 점이 찍힌 상태로 문제가 출제되었다면 난이도 '하'에 해당되었을 거야. 다만 원자의 격자 구조와 관련된 내용이 첨가됨으로써 난이도가 '중'으로 올라간 거지.

수학의 내공은 무수한 시행착오를 통해 길러진다

형의 설명을 듣고 보니 '수학이 내가 생각했던 것만큼 어렵지 않을 수도 있겠구나' 라는 생각이 들기 시작했다.

"그런데요, 공부 잘하는 아이들은 어려운 문제를 보았을 때 별다른 어려움 없이 풀이 과정이 딱 떠오르지 않나요? 전 문제를 풀지 못하는 게 제가 머리가 나빠서라고 생각했었어요. 문제를 봐도 어떻게 접근해야 할지 도무지 모르는 거예요."

"나도 고등학교 때 비슷한 생각을 많이 했었어. 그런데 막상 고3 수험 생활을 겪어보니 별로 그렇지가 않더라. 수학 문제를 푸는 것은 무수한 시행착오를 거쳐서 답을 향해가는 과정인 거야. 문제를 보자마자 풀이 과정이 명확히 떠오르면 그 사람은 수학 천재일 거야. 아까 앞에서 봤던 수학 문제 있지? 처음 그 문제를 봤을 때 나는 앞이 깜깜했거든. 가운데 점을 고

정해서 생각을 전개시킨 뒤에도 거리가 √7인 점을 찾기 위해 많은 시도를 했어.”

형은 문제지 위에 여러 삼각형을 그려나가기 시작했다.

“이런 문제를 풀어본 적이 있었기에 피타고라스 정리를 사용해야 한다는 걸 직감적으로 알 수 있었지. 그런데 이런 식으로 무수한 직각 삼각형을 그려도 도무지 √7인 빗변이 나오질 않는 거야. 평상시라면 쉽게 보였을 텐데, 마음이 급해지니까 못 찾겠더라고. 시간은 흘러가고, 아직 풀지 못한 여러 문제들이 자꾸만 눈에 밟혔지. 초조한 마음을 진정시키며 생각을 하던 중, 다음과 같은 삼각형을 그려봤어. 그런데 ‘바로 이거구나!’ 라는 생각이 들었어. 얼른 답을 적고 다음 문제로 넘어갈 수 있었지.”

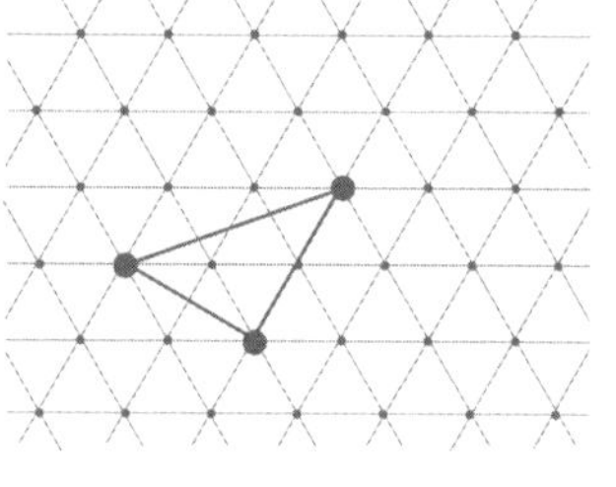

“무수한 시행착오는 어려운 문제를 풀기 위해서 필수적으로 겪어야 하는 과정이야. 수학 문제를 풀 때 가급적 먼저 답을 보지 말도록 해. 먼저 네 스스로 낑낑대며 답을 찾아가는 거야. 씨름판에서 서로 샅바를 붙잡고 있는 씨름 선수를 생각해봐. 상대방이 넘어지지 않는다고 해서 기술 한두 가지만을 찔

끔 시도하다가 마는 선수는 없잖아? 매치기, 엎어 치기, 오금 당기기 등 갖은 기술을 다 적용하잖아.”

어렸을 때 할아버지를 따라 씨름 장사 대회를 갔던 때가 떠올랐다. 두 거구가 몸을 맞대고 필사적으로 상대를 쓰러뜨리려 노력하는 장면을 잊을 수가 없었다.

“수학 문제를 대할 때도 마찬가지야. 절대 포기하면 안 돼. 개념 학습 및 문제 풀이를 지속하며 내공이 쌓이게 되면 ‘이 문제는 이런 공식을 적용해서 풀어야 할 것 같은데’ 라는 감이 생기거든. 그 감을 바탕으로 연관 공식을 떠올리며 한 방법씩 적용해보렴. 아까도 홍민이가 금방 피타고라스의 정리를 떠올렸잖아? 쉽게 풀리지 않더라도 여러 접근 방법을 취하며 하나씩 공략해보면 어느 순간 해결 방안이 보일 거야. 이렇게 한참을 씨름하며 문제를 풀어가야 내공이 조금씩 자라나는 거야. 그런데 학생들은 어려운 문제를 맞닥뜨렸을 때 쉽게 포기해 버리거든. ‘난 수학은 안 돼’라고 생각하며 문제를 치워버리거나 힐끔 해답지를 보고 넘어가버리곤 해. 그런데 이런 방식으

로는 절대 내공을 쌓을 수 없어. 다음번에 비슷한 유형이 나오면 별다른 실마리를 잡지 못하거든.”

나는 형의 말에 깊이 공감했다. 모의고사나 학교 시험에서 비슷한 문제가 나왔을 때 ‘이거 어디서 접한 문제인데?’ 라고만 생각할 뿐 별다른 해결 방안이 떠오르지 않았기 때문이다. 순간 다른 궁금증이 떠올랐다.

“형, 만약 풀다가 안 풀리면 어떻게 해요? 30분을 넘게 시도했는데도 답이 안 나온다면 시간 낭비잖아요?”

“하지만 그것이 결국 다 소중한 자산으로 남기 마련이야. 문제 푸는 데 필요한 공식을 찾기 위해 교과서도 찾아보고, 풀이 방법을 다양하게 바꿔보며 시간을 보낸다면 문제 풀이에 1시간 이상을 쏟아 부어도 괜찮아.”

“1시간이나요?”

“응. 이런 식으로 문제를 풀다 보면 그 시간은 점차 단축되기 마련이거든. 비슷한 유형을 접하게 되면 문제는 더 쉽게 풀리지. 참, 이런 과정에서 한 가지 신기한 경험을 하게 될 수도 있어.”

“신기한 경험이요?”

“수학 문제 하나를 놓고 고민하다가 안 풀려서 잠을 자거나 밥을 먹고 왔을 때, 생각지도 못했던 접근 방안이 눈에 들어오는 거지. '내가 왜 이 방법을 몰랐을까? 이렇게 쉽게 풀 수 있는 문제인데' 라는 생각과 함께 말이야."

　형은 다시금 펜과 종이를 꺼내더니 낯선 그림을 그리기 시작했다.

　"홍민아, 가령 이런 성곽을 한 바퀴 돈다고 생각을 해보자. 선이 끊어진 부분이 성곽 안으로 들어가기 위한 문이야. 그런데 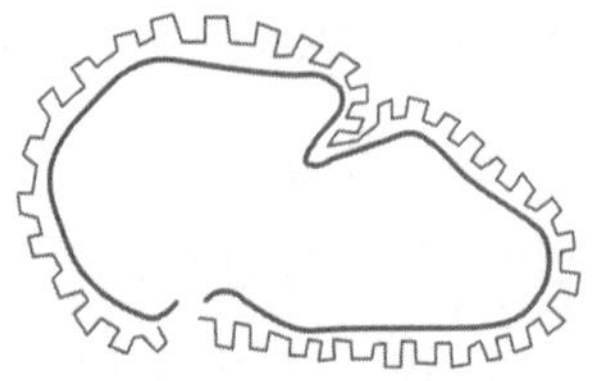 많은 경우 위쪽의 움푹 들어간 부분이 문이라고 생각하고 뱅뱅 도는 경우가 많아. 정작 문은 반대편에 존재한다는 사실을 알지 못한 채 말이야. 수학 문제를 풀 때도 마찬가지야. 문제 내에 내재된 함정에 걸리면, 새로운 각도에서 문제를 보기 어렵거든. 반면 휴식을 취한 뒤 머리가 상쾌한 상황에서 문제를 보면 이전엔 보지 못했던 문의 위치가 눈에 들어오게 되는 거야. 문제가 너무 풀리지 않는다면, 다른 과목을 공부하거나 휴식을 취하다가 다시 문제를 접하는 것도 좋은 방법이 될 수 있어. 다만, 이러한 연습을 하기 위해선 먼저 기초 원리 숙지가 먼저 되어야 한다는 점을 잊지 말고."

"우와. 그렇군요. 저도 어서 이런 경험을 많이 했으면 좋겠어요."

"그래, 그럼 이제 홍민이는 뭐부터 시작해야 할지 감이 잡히니?"

"네! 먼저 저의 취약 부분인 함수 단원의 개념 확인 문제를 풀어보려고요. 잘 이해하지 못했던 부분을 집중 점검해야 될 것 같아요. 그리고 나서 응용 문제로 넘어가볼게요."

"그럼 이제 구체적인 계획도 세워볼 수 있겠지?"

"네. 형과 이야기하다 보면 마음이 많이 편해져요. 저도 왠지 잘할 수 있을 것 같다는 자신감이 생기고요, 아직 늦지 않았다는 희망도 샘솟아요."

"오, 아주 바람직한데? 또 다시 강조하지만 지금은 결코 늦은 게 아니야. 먼저 기초 실력을 튼실하게 쌓아나가렴. 분명 좋은 결실을 맺을 때가 올 거야. 힘내고!"

수학에는 많은 단원들이 있기 때문에 각자 어느 단원에 강점을 갖고 있는지가 다르기 마련이야. 먼저, 단원별로 실력을 점검하며 쉽게 틀리는 부분을 찾아보렴. 방학 동안 그 부분을 집중적으로 점검하고 실력을 향상시키는 거지. 또한 실수 패턴은 무엇인지, 실수를 줄이기 위해 어떤 노력을 기울여야 하는지도 분석해보렴. 홍민이는 잘할 수 있을 거야.

단원		현재 실력	틀린 빈도
Ⅰ. 수와 연산	1. 집합	상, 중, 하	상, 중, 하
	2. 명제	상, 중, 하	상, 중, 하
	3. 실수	상, 중, 하	상, 중, 하
	4. 복소수	상, 중, 하	상, 중, 하
Ⅱ. 식의 계산	1. 다항식과 그 연산	상, 중, 하	상, 중, 하
	2. 나머지 정리	상, 중, 하	상, 중, 하
	3. 인수분해, 약수와 배수	상, 중, 하	상, 중, 하
	4. 유리식와 무리식	상, 중, 하	상, 중, 하
Ⅲ. 방정식과 부등식	1. 이차방정식	상, 중, 하	상, 중, 하
	2. 여러가지 방정식	상, 중, 하	상, 중, 하
	3. 부등식	상, 중, 하	상, 중, 하
Ⅳ. 도형의 방정식	1. 평면좌표	상, 중, 하	상, 중, 하
	2. 직선의 방정식	상, 중, 하	상, 중, 하

	3. 원의 방정식	상, 중, 하	상, 중, 하
	4. 도형의 이동	상, 중, 하	상, 중, 하
Ⅴ. 부등식의 영역		상, 중, 하	상, 중, 하
Ⅵ. 함수	1. 함수	상, 중, 하	상, 중, 하
	2. 이차함수의 활용	상, 중, 하	상, 중, 하
	3. 유리함수와 무리함수	상, 중, 하	상, 중, 하
Ⅶ. 삼각함수	1. 삼각함수	상, 중, 하	상, 중, 하
	2. 삼각형에의 응용	상, 중, 하	상, 중, 하
Ⅷ. 순열과 조합	1. 경우의 수	상, 중, 하	상, 중, 하
	2. 순열과 조합	상, 중, 하	상, 중, 하

외국어 영역의 달인이 되는 법

Chapter. 6

"수능 기출문제를 살펴보면 문법과 직접적으로 관련된 문제는 2~3문제 밖에 나오지 않아. 듣기 17문제를 제외한 나머지 30문제는 거의 독해 영역의 문제들이거든."

"문법 관련 문제가 2~3문제 밖에 안 나오는 거였어요?"

"그래. 기본적인 문법 사항을 알아야 독해가 수월한 건 사실이야. 그렇지만 문법에 너무 얽매일 필요는 없어. 더구나 학교 교과서에 나오는 문법 사항만 잘 파도 충분히 독해를 잘할 수 있어."

"그런데, 학교 선생님들은 왜 이렇게 문법을 강조하는 걸까요?"

외국어 영역의 달인이 되는 법

문법은 의사소통을 위한 규칙에 불과하다

오늘은 모처럼 집 근처 커피숍에서 형을 만나기로 했다. 6월로 접어들며 햇살은 더욱 강렬해졌고, 더운 집보다는 시원한 실내에서 만나자는 형의 제안이 더욱 반가웠다. 평소 분주하던 커피숍은 평일 오후다운 한산하고 여유로운 모습이었다. 창가 쪽 테이블에서 책을 읽고 있는 형의 모습이 금방 눈에 들어왔다. 형에게 다가가 인사를 건넸고, 형은 읽고 있던 영어 성경책을 덮으며 반갑게 맞아주었다.

"형, 형은 만날 때마다 영어 성경책을 계속 읽던데, 별로 안 어려워요?"

"어려운 부분도 있지만 한글 성경을 한 번 읽어봤기 때문에 대부분 내용은 이해가 돼. 반복해서 읽다 보니 많이 익숙해지기도 했고."

"형, 성경 정도의 책을 보려면 문법 사항을 많이 알아놔야 하겠지요? 성문 종합 영어까지는 봐둬야 그런 책 읽을 수 있는 거예요?"

"홍민이도 그 책을 안단 말이야? 난 성문 기초 영어를 간신히 배우긴 했는데, 성문 기본 영어부터는 거의 포기하다시피 했어. 그 문법 내용과 분량에 완전히 질려버렸거든."

"어? 그러면 형은 성문 종합 영어는 보지도 않았던 거예요? 몇몇 선생님께서는 문법을 굉장히 강조하시거든요. 문법을 알아야 독해가 이루어진다고요."

"응, 맞는 말씀이긴 하지."

형은 고개를 끄덕였다.

"그런 얘기를 들을 때마다 저는 불안해요. 지금껏 문법책을 제대로 본 적이 없었거든요. 더구나 '수능에서 문법은 별로 중요하지 않다'고 말하는 친구들 얘기 들어보면 무엇부터 시작해야 할지 혼란스러워요."

내가 다소 불만스러운 말투로 이야기하자 형은 웃으며 차분한 어조로 말을 이어갔다.

"영어에서 문법은 매우 중요해. 상호 의사소통을 위한 규칙이거든. 다음 문장을 한 번 들어보고 어색한 부분을 찾아볼래?"

'나는 아침으로 밥가 먹었다.'

나는 어이없다는 표정으로 형을 바라보았다.

"저를 지금 바보 취급하시는 거예요? 당연히 '밥가 먹었다'가 아니라 '밥을 먹었다'죠."

형이 웃으며 이야기했다.

"맞아. '밥을 먹었다'가 되어야겠지? 그러면 왜 그런지 잘 설명할 수 있어?"

머리를 애써 굴려보았지만, 답이 잘 떠오르지 않았다.

"설명이요? 글쎄요, 잘 모르겠어요. 그냥 어색한데요?"

"이 문장에서는 주어 뒤에 붙은 '은/는/이/가' 라는 주격 조사가 목적어 뒤에 위치했기 때문에 문장이 어색해지는 거야. 주격 조사 '가' 대신 목적격 보어 '을/를'이 위치해야 하는 거지. 그런데 이 문장을 보았을 때 이러한 문법적 사실들이 머릿속에 떠올랐어?"

"아니요, 그런 건 생각할 수도 없었어요. 그저 자연스럽게 '어? 이건 어색한데?' 라는 생각이 떠올랐어요."

"그렇지? 대부분의 한국 사람은 한국어 문법을 잘 알지 못하는데도 한국말을 너무나도 잘 사용하고 있어. 그건 우리가 어려서부터 이러한 문장을 지속적으로 사용해오며 익숙해져 있기 때문이야. 4~5살 어린이들도 한국말을 능숙하게 하잖아? 영어도 한국말과 다를 바가 없는 언어일 뿐이야. 영어는 수학이나 과학처럼 공식을 사용해서 풀어야 할 암호가 아니거든. 그저 '많이 듣고, 읽고, 쓰고, 말하다 보면' 자연스럽게 그 실력이 향상될 수밖에 없지. 그런데 많은 학생들은 영어를 매우 어렵게 생각하고 지레 겁부터 먹어. 난 그 이유가 지나치게 강조되는 '영어 문법' 때문이라고 생각해. 필요한 표현은 배우지 못하고 주구장창 문법의 홍수 속에서 영어에 대한 흥미를 잃어가기 때문일 거야."

순간, 그동안 영어 문법 때문에 힘들어했던 시간들이 떠올랐다. '영어는 공식이다!' 라고 강조했던 학원 선생님의 수업에서 8품사, To부정사, 동명사, 과거 분사 등을 지겹도록 외웠던 일, 모처럼 만난 외국인 앞에서 말 한마디 못하고 '내가 할 말이 문법 사항에 맞을까?' 만 계속 되새겼던 기억들이 머리를 스치고 지나간 것이다.

'형 말을 들어보니, 영어도 한국어와 똑같은 언어일 뿐인데. 난 왜 이렇게 어렵게 생각했을까? 어려서부터 자연스럽게 듣기와 말하기 위주로 영어를 익혀나갔다면 얼마나 좋았을까?' 하는 아쉬움이 몰려왔다.

"형, 그렇다고 해서 지금 갑자기 영어 공부 방법을 바꿀 수는 없잖아요? 아무리 회화가 중요하다고 해도, 결국 수능에서는 문법과 독해가 강조되잖아요?"

"맞아. 지금으로서는 학교 내신과 수능이 있으니 갑자기 회화 위주로 공부 방법을 전환할 수는 없을 거야. 대신, 지금부터 아주 효과적으로 활용할 수 있는 방법이 있어."

교과서 읽기를 통해 영어의 기초를 다지자

"먼저, 영어 교과서를 펴고 각 단원의 본문 내용을 소리 내서 읽어보는 거야."

"소리 내서 읽는 거요? 본문을 읽으란 말이에요?"

"그렇지. 일단 본문을 처음부터 끝까지 읽어보는 거야. 눈으로만 읽지 말고, 입으로 말하며 같이 읽는 거지. 이렇게 다섯 번씩만 읽어보렴."

“형, 혹시 그런 식으로 외우라는 건 아니지요?”

“외우라는 말은 아니야. 딱히 외우지는 않더라도, 이렇게 공부하다 보면 외운 것과 같은 효과를 갖게 되니까. 눈을 딱 감고 줄줄 외는 건 아니지만, 그 내용이 자연스럽게 입에 익거든. 한 문장을 보면 다음 문장의 내용이 자연스럽게 떠오르지.”

“읽기만 해서 될까요? 뭔가 더 해야 될 거 같은데.”

“응. 일단은 한 번 읽어봐. 영어 교과서 가지고 나오라고 했지? 그러면 교과서 펴서 읽어 볼래?”

다행히 카페 안에는 사람이 별로 없었지만 나는 형 앞에서 읽는 게 부끄러웠다. 그래도 또박또박 최선을 다해 읽어나갔다.

Justin looked around his garage, which was greasy and full of bike parts. On the workbench was an old seat, and in the corner stood an old wheel. His eyes settled on the bike he had just made. It was not as beautiful as his favorite mountain bike; still, he was proud of it because he had made it himself. His eyes moved to the bike next to it, which was almost complete. Justin loved making bikes from old scraps and parts, but what was he going to do with them? The garage was already full!

[금성교과서 영어1, 1과]

한 문단을 읽자 형이 이야기했다.

"홍민아, 잘했어. 처음 읽는 것 치고는 괜찮다. 그런데, garage 라는 단어 있잖아? 이 단어 처음 접하는 단어야?"

"네. 제가 잘못 발음했나요?"

"응. 발음 기호랑은 좀 달랐어. 어떻게 발음해야 하는지 모르는 단어가 있으면 먼저 사전을 찾아보렴. 처음에 제대로 발음을 익히는 게 정말 중요해. 일단 잘못된 발음이 입에 익어버리면 교정하는 데 2~3배의 노력이 필요하거든. 발음이 부정확하면 듣기도 잘 되지 않고, 단어를 외울 때도 헷갈려서 제대로 학습을 할 수가 없지. 그럼 다음과 같이 단락별로 읽어볼래?"

문단 별로 단락을 나눈 뒤 형이 영어 문장을 읽었다.

Justin looked around his garage, / which was greasy and full of bike parts. /On the workbench was an old seat, / and in the corner / stood an old wheel. / His eyes settled on the bike / he had just made. / It was not as beautiful as / his favorite mountain bike; / still, he was proud of it / because he had made it himself. / His eyes moved to the bike next to it, / which was almost complete. / Justin loved making bikes / from old scraps and parts, / but what was he going to do with them? / The garage was already full!

“홍민아, 어때? 이런 식으로 읽으니 좀 더 자연스럽게 다가 오지 않아?”

“왠지 국어 문장 읽을 때랑 비슷하네요? 한국말도 사이 사 이에 조금씩 쉬어가면서 읽잖아요?”

“그래! 영어도 사람들이 하는 말이거든. 문장별로, 그리고 의미별로 조금씩 쉬어가며 읽는 거지.”

“형, 그런데요, 이번 문단은 형이 이렇게 해주었는데, 나머지 는 어떻게 하죠? 전 아직 어디서 끊어 읽어야 할지 모르겠는데.”

“그래서 처음엔 교과서 본문 내용이 녹음된 테이프를 많이 들으면서 외국인은 어떻게 읽는지를 주의 깊게 듣는 게 중요 해. 그러면 외국인의 억양과 발음도 자연스럽게 익혀나갈 수 있거든. 그리고 지금 한 것처럼 단락을 나누어놓고 소리 내서 읽어보는 거야. 아직 고2잖아? 지금도 영어의 발음이나 억양 을 익히기에 늦지 않은 나이야. 형은 대학교 졸업하고 나서야 발음 교정하느라 얼마나 고생했는지 몰라. 교과서를 읽으며 외국인은 어떻게 발음하고 읽는지 잘 살펴봐. 그리고 그걸 최 대한 모방한다는 생각으로 따라하는 거야. 알았지?”

"네. 그럼 이것만 하면 되는 거예요? 무척 쉽네요?"

"일단 이렇게 다섯 번 읽어보고, 우리말로 해석해 써보렴."

"아, 형. 그냥 머릿속으로 해석하면 안 되는 거예요? 손으로 쓰기 너무 귀찮은데."

"머릿속이랑 손으로 하는 거랑은 큰 차이가 있어. 하지만 너무 부담 갖지는 마. 한글 문장처럼 쓰려고 완벽하게 해석하지 않아도 되니까. 그보다는 단락을 나눈 단위로 해석을 해보는 게 중요해. 모르는 단어가 있으면 물어보고."

아직 1과라 그런지 모르는 단어는 별달리 없었고, 형 말대로 해석하니 내용이 더 쉽게 정리되는 것 같았다. 해석을 마치고 형을 보자 형이 다시 말을 꺼냈다.

"좋아. 잘했어. 그러면 교과서를 덮고 다시 영어로 바꿔보는 거야."

형의 말에 소스라치게 깜짝 놀랐다.

"형, 이걸 다시 영어로 쓰라고요?"

나는 거의 울상을 지었다. 문제 풀기 방법을 배우는데 갑자기 영작이라니?

"홍민아, 이 방법은 영어 공부하는 최고의 방법이야. 한글 해석 실력과 영작 실력을 동시에 가져갈 수 있는 엄청난 방법이란다. 일단 한번 해보렴."

반신반의하며 교과서를 덮고 영어로 문장을 써나갔다. 다섯 번씩 읽고 해석을 했음에도 영어 표현이 쉽사리 떠오르지 않았다. 단순한 문장은 채워넣을 수 있었지만 복잡한 문장은 그저 몇 단어밖에 적을 수 없었다. '이럴 줄 알았으면 한글 해석을 조금 더 정확히 해놓을 걸….' 하는 생각도 들었다.

"쉽지 않지? 이번이 처음이라 그럴 거야. 이것도 연습하다 보면 점점 익숙해질 테니까. 참, 다음엔 영작을 염두에 두고 한글 해석문을 적어보렴."

"흐아~형, 왜 갈수록 어려운 것만 시켜요?"

내가 볼멘소리를 내자 형은 큰 소리로 웃었다.

"이것도 요령이 있어. 각 단어를 직역하는 식으로 해석해놓으면 영작하는 일이 더 쉬워질 거야. 홍민아, 그러면 이제 교과서를 펴고 홍민이가 한 영작과 교과서 문장을 비교해봐."

교과서와 비교하며 틀린 부분을 하나씩 체크해나갔다.

"어? 형. 영작할 때 a, the 같은 것을 많이 빼먹게 되네요."

"그렇지? 영작을 할 때 a, the 와 같은 정관사를 빼먹기가 매우 쉬워. 한국어에서는 정관사와 부정관사를 잘 구분하지 않잖아? 그렇지만 영어에서는 이 구분이 굉장히 중요해. 홍민이가 영작한 것처럼 the bike 대신 a bike를 쓴다면 전혀 다른 자전거를 지칭하게 되거든. 이런 연습을 하면 한국어의 용법과는 다른 영어 표현을 많이 익힐 수 있을 거야."

"생각만큼 어렵지는 않네요? 그러면 시험 기간 때까지는 이렇게 계속 하는 거예요?"

"응. 먼저 이번 주에는 1과를 다섯 번씩 읽어봐. 해석과 영작을 해보고. 다음 주에는 2과를 다섯 번 읽는 거지. 1과는 세 번씩 읽고. 그리고 3주째에는 3과를 다섯 번, 2과를 세 번, 1과를 한 번씩 매일 읽는 거야."

	1주	2주	3주
1과	5번	3번	1번
2과		5번	3번
3과			5번

"이거, 읽기만 하다가 끝나겠는데요?"

"결국 영어는 많이 듣고, 읽고, 말하고, 쓰는 사람이 잘하게 되어 있어. 특히 처음에는 읽는 데 초점을 맞추렴. 지금 영어를 탄탄히 다져놓으면, 나중에 대학교 와서 고생 안 해도 되거든."

"그래도 예전처럼 억지로 외우는 거 보다는 훨씬 나을 거 같아요. 한번 해볼게요. 형이 하라는 것은, 해서 손해본 적은 없었으니까요."

내 말에 형은 빙긋이 웃었다.

단어와 독해 실력이 외국어 영역을 좌우한다

"그런데 이렇게 읽기만 하는 걸로 충분할까요? 아무래도 수능 시험 치르기에는 많이 부족할 거 같은데."

내가 다소 걱정스러운 목소리로 형에게 물어보았다.

"홍민이가 많이 적극적이 된 것 같은데? 좋은 변화다. 그래, 홍민이 말이 맞아. 교과서 읽기는 제 1단계일 뿐이야. 하지만 교과서 읽기를 통해 영어에 대한 두려움을 내려놓고, 조금 더 친근하게 다가갈 수 있거든. 이게 중요한 거지. 교과서 읽기가 어느 정도 익숙해진다면, 그 후에 본격적으로 독해 연습으로 넘어가는 거야."

"독해 연습이라고요? 그러면 문법 공부는 언제 해야 되는 거예요? 독해 연습을 충분히 한 뒤에요?"

빨리 결과를 얻고 싶은 마음이었는지, 넘어야 할 산이 많아진 듯한 느낌이 들어서인지, 나는 좀 답답한 듯 물었다. 형은 잠시 생각한 뒤 대답했다.

"홍민아. 수능 기출문제를 살펴보면 문법과 직접적으로 관련된 문제는 2~3문제밖에 나오지 않아. 듣기 17문제를 제외한 나머지 30문제는 거의 독해 영역의 문제들이거든."

"어? 문법 관련 문제가 2~3문제밖에 안 나오는 거였어요?"

"그래. 기본적인 문법 사항을 알아야 독해가 수월한 건 사실이야. 그렇지만 문법에 너무 얽매일 필요는 없어. 더구나 학교 교과서에 나오는 문법 사항만 잘 봐도 충분히 독해를 잘할 수 있어."

"그런데, 학교 선생님들은 왜 이렇게 문법을 강조하는 걸까요?"

"예전 학력고사 시대에는 문법이 정말로 중요 했었대. 그 시절부터 학생들을 가르쳐오신 선생님들께서는 학생들에게 문법을 많이 강조하실 거야. 그렇지만 수능 시험부터는 출제 패턴이 완전히 많이 바뀌었기 때문에, 먼저 독해 연습을 많이 하는 게 중요해.”

형이 또다시 가방을 뒤적거리기 시작했다. 이번에도 수능 기출 문제를 찾는 것 같았다.

“형, 이번 기출문제는 몇 년도 거예요?”

“많이 예리해졌는데? 하긴 이제 익숙해질 때도 되었겠다. 이번 것은 2009년 수능 외국어 영역 기출문제야. 한번 풀어볼래?”

42. 다음 글의 제목으로 가장 적절한 것을 고르시오.

Most people have a vase or two in a cupboard, but lots of things can be turned into stylish containers for a flower arrangement, so before you rush out to buy anything, look around your own home. For instance, goldfish bowls look stunning filled with flower heads or petals, magnifying their contents. Wine, milk, mineral water, or olive oil bottles look particularly good with one or two stems in them. Try a collection of bottles in various shapes and sizes, lined up on a shelf or grouped on a table. An old teapot which has lost its lid becomes an ideal container for a bunch of roses picked from the garden.

① Flower Arrangements and Gardening

② Tips for Planting Flowers in the Garden

③ Decorating a Dining Table with Various Plants

④ Color : The Starting Point for Decoration

⑤ Ordinary Things as Flower Containers

[2009년 외국어 영역(홀수형)]

기출 문제라 그런지 모르는 단어도 꽤 많이 나오고 어려운 느낌이 들었다. 영어 지문을 몇 번 읽어보고 형에게 답을 이야기했다.

"정원 얘기가 나오질 않으니 ①,② 번은 아닌 것 같고요, 색깔에 대해서 이야기 하는 것도 아니니 ④번도 아니고…, ③번이랑 ⑤번이 헛갈려요. ⑤번에 'Ordinary' 라는 단어가 무슨 뜻인지도 잘 모르겠어요."

"Ordinary 는 '평범한, 일반적인' 이라는 뜻이야."

"그래요? 그러면 답은 ⑤번이요."

"잘했어. 할만하지?"

"형이 단어 뜻을 얘기해주지 않았다면 못 맞췄을 거예요. 흠, 그나저나 걱정인데요? 모르는 단어가 엄청 많아요. Arrangement, stunning, petal, magnifying, stem, lid, bunch 등 접해보지 못한 단어가 수두룩하네요."

"그래. 아직은 어휘 실력이 부족해서 쉽진 않을 거야."

"그래도 일단 단어만 알면, 어느 정도는 풀 수 있을 거 같기도 하네요. 단어 때문에 해석이 잘 안 되는 부분이 몇 군데 있거든요. 더구나 정답을 맞히는데 단어가 결정적이 될 수도 있는 경우도 있고요."

"그래, 만약 위 지문과 답이 한글로 주어졌다면 어땠을까? 외국어 영역은 언어 영역처럼 문제가 복잡하게 나오질 않는데다가 답지들의 차이도 비교적 명확하기 때문에 제대로 해석만 하면 대부분의 문제는 풀리게 돼."

"하긴, 모의고사에서 해석을 잘했을 때 틀린 문제는 별로 없었어요. 단어 뜻을 잘 모르거나 해석을 잘 못해서 틀린 경우가 대부분이었죠."

"그렇기 때문에 먼저는 독해력을 향상시키는 게 우선이 되어야 돼. 독해력을 향상시키려면 먼저 단어를 많이 알아야겠지?"

형의 얘기에 고개를 끄덕이며 대답했다.

“그런데 일단 단어를 외우면 많이 까먹게 되는 게 문제더라고
요. 열심히 외웠는데도 나중에 보면 기억이 가물가물하고요.”

머리를 감싸며 괴로워하는 나를 보자 형은 웃었다.

“하하, 그게 정상이야. 단어를 많이 외워도 자주 사용하지
않으면 금방 잊어버리게 되거든. 그러니 먼저 단어를 외운 뒤
독해 문제집이나 모의고사 문제집 등을 통해 적극적으로 활용
을 해야 돼. 안 그러면 외운 게 아무 소용이 없어져.”

“형, 그럼 단어는 어떤 식으로 외우는 게 좋아요?”

“무작정, 닥치는대로 외우기보다는 독해 문제집에 첨부돼서
나오는 단어장 있잖아? 그걸 먼저 외우고 문제집을 풀어봐.
단어가 문제와 바로 연결되니 외우기도 쉽고, 써먹기도 좋으
니까. 참, 무엇보다 단어를 외우더라도 문장과 문맥 안에서 뜻
을 파악하는 것이 정말 중요해. 한 단어가 여러 뜻을 지니거나
문장 속에서 각기 다른 의미를 지닐 수도 있으니까.”

형의 말을 들으며 문제와 단어를 바로 연결해 연습해야 한
다는 것을 나는 다시 상기하고 있었다.

“그런데, 홍민아. 지금까지 풀어왔던 모의고사 시험지 보관
하고 있니?”

“아니요, 대부분 시험 끝나고는 다 버렸어요. 다시 쳐다보기

가 싫었거든요.”

“그랬었구나. 그러면 시중에 나온 독해 문제집을 한 권 구입하렴. 홍민이가 봤을 때 너무 어렵지도, 쉽지도 않은 문제집을 고르는 거야. 그러니까 단어나 문장들이 홍민이가 느끼기에 ‘조금 까다롭다’고 느끼는 문제집 말이야. 현재 실력보다 약간 어려운 문제집을 구입하는 게 좋아. 그래야 푸는 재미도 있고, 실력도 향상되거든. 참, 단어장이 첨부된 독해 문제집을 고르는 게 더 좋을 거야.”

“집에 제 수준에 맞는 독해 문제집이 하나 있긴 해요, 그런데 거기엔 단어장이 없는 거 같아요.”

“괜찮아. 그러면 단원별로 모르는 단어를 체크하고 조그만 수첩에 단어장을 만들면 돼. 틈틈이 단어장을 살펴보며 단어에 익숙해지렴.”

“그러면 단원별로 단어를 외우고 문제를 푸는 거예요? 오히려 단어를 한꺼번에 외우고 문제를 푸는 게 나을 것 같아요. 전 한번에 끝내고 싶은데.“

“그러면 또 다시 단어를 까먹으려고? 한 번에 많은 단어를 외우다 보면 금방 지치게 돼. 뇌에도 일정 시간에 소화할 수 있는 용량이 있거든. 하루에 10문제 정도씩 해보면 어떨까?

한 지문이 이해가 될 때까지 네다섯 번 반복해서 읽는 거야. 뭐 이때는 굳이 소리 내서 읽지 않아도 괜찮아. 실제 모의고사를 푸는 상황처럼 글 읽는 연습을 해보는 거지. 그리고 하루에 2~3 문제 정도는 해석 문을 직접 손으로 써보는 거야."

"손으로요?"

"응. 직접 말이야. 컴퓨터를 이용해도 상관은 없겠지만 인터넷 서핑이라든지 다른 길로 샐 가능성이 높으니, 가급적 손으로 적는 것을 추천하고 싶어. 해석을 적을 때는 완전히 모르는 부분이더라도 포기하지 말고, 단어라도 배열해놓으렴. 그리고 그걸 답지의 해석문이랑 비교하는 거지. 이 과정이 축적되다 보면 홍민이가 어려워하는 문법 사항과 구문을 발견할 수 있을 거야. 이때 교과서 문법 설명을 참고하며 그 부분을 집중적으로 공부하는 거지. 그럼 '문법 따로, 독해 따로, 단어 따로'와 같은 각개전투가 아니라 한 번에 같이 공부할 수 있는 효과적인 방법이 되는 거야."

◉ 독해 문제집 공부요령

　1) 스스로 조금 어렵게 느끼는 문제집을 고른다.

　2) 문제집에 나오는 단어를 먼저 외운다.

3) 단어는 단원별, 문제별로 외운다.

4) 문장의 해석문을 써본다.(두세 문제 정도만)

5) 문제집의 해설에 나온 해석문과 비교한다.

6) 여러 유형의 문제를 푼 뒤 취약한 유형을 분석하고 (p.152의 표 참고) 집중적으로 보완한다.

"우와. 문제 읽고 해석하는 것 하나에서 복합적인 공부가 가능한 거네요? 사실 아까는 모의고사에 웬 영작에 해석문인가 했는데, 어디서든지 기초적 연습이 무지 중요한가 보네요."

"물론이지. 기본기가 충실한 사람만이 고급 기술도 무리 없이 소화해낼 수 있는 거야. 여러 차례 이야기하지만, 여름방학 때까지는 이렇게 기초 체력을 단단히 다져나가야 돼. 알겠지? 포기하지 말고 꾸준히 해봐."

"형, 이렇게 하면 저도 형처럼 영어로 된 책을 자연스럽게 읽을 수 있는 날이 오게 될까요?"

형이 미소를 방긋 지으며 대답했다.

"물론이지. 이러한 노력들은 튼실한 기초 체력을 쌓는 밑거름이거든. 연습을 계속하며 점차 난이도를 높여가다 보면 청소년용으로 출간된 영어 소설이나 신문도 읽을 수 있을 거야.

그 다음에 영어 성경에도 한번 도전해보렴. 성경 문장은 간결하면서도 다양한 표현이 많이 나오기 때문에 최고의 영어 공부 교재가 될 수 있어. 자, 오늘 수업은 여기까지. 그리고 이건 오늘의 과제."

말을 마친 형은 방긋 웃으며 편지 한 통과 함께 예쁘게 포장된 상자를 건네주었다.

"어? 형, 이건 뭐예요? 제게 주시는 선물?"

나는 설레는 마음으로 황급히 포장을 뜯었다.

"우와! 영어 성경이네요?"

형의 따뜻한 배려를 가슴 깊이 느낄 수 있었다. 기쁜 마음으로 성경책 표지를 열고 목차와 내용을 살펴보았다.

"형, 까만 것은 글씨요, 흰 것은 종이에요."

형이 너털웃음을 터뜨리며 이야기했다.

"지금 이해하기에는 많이 어려울 거야. 그렇지만, 틈틈이 영어 성경을 열어보며 홍민이가 유창한 영어를 구사할 날을 기대하고 기도해보렴."

'언젠가는 나도 형처럼 영어를 잘할 수 있을 때가 오겠지?' 커피숍에서 나와 집으로 가는 동안, 몇 번이나 가방을 열어 성경책의 도톰한 촉감을 느껴보았다.

홍민아, 외국어 영역의 독해 문제는 상당히 유형화되어 있어. 그렇기 때문에 독해 수준이 일정 수준에 올라가더라도 쉽게 틀릴 수 있는 문제 유형이 있기 마련이야. 나같은 경우는 지칭 추론에서 경우 'he' 나 'them' 이 뜻하는 바를 많이 헷갈려 했었단다. 먼저 영어 독해력 향상에 제 1 초점을 두되, 그간 풀어봤던 모의고사 문제들을 바탕으로 취약한 문제 유형을 파악하고 보완해보렴.

문제 유형	현재 실력	틀린 빈도
주제, 제목 추론	상, 중, 하	상, 중, 하
요지, 속담 추론	상, 중, 하	상, 중, 하
빈칸 추론	상, 중, 하	상, 중, 하
지칭 추론	상, 중, 하	상, 중, 하
문법성 판단	상, 중, 하	상, 중, 하
문맥 속의 어휘 추론	상, 중, 하	상, 중, 하
내용 일치, 특정정보 파악	상, 중, 하	상, 중, 하
주어진 문장 넣기	상, 중, 하	상, 중, 하
무관한 문장 찾기	상, 중, 하	상, 중, 하
글의 순서 정하기	상, 중, 하	상, 중, 하
요약문 완성하기	상, 중, 하	상, 중, 하
심경, 분위기, 어조 추론	상, 중, 하	상, 중, 하
목적 추론, 글의 종류	상, 중, 하	상, 중, 하
도표 파악, 실용문 이해	상, 중, 하	상, 중, 하

수리탐구 Ⅱ
영역을 효과적으로 정복하는 법

Chapter.7

형의 말을 듣고 수리 탐구Ⅱ에 대한 부담이 줄어드는 듯 했지만 테이블 위의 수북이 쌓인 문제와 자료들을 보니 막막함이 모두 가시지는 않았다.

"형 그러면 수리 탐구Ⅱ 영역은 어떤 식으로 준비해야 하는 거예요?"

기가 죽은 나와는 달리 형은 씩씩하게 소매를 걷어붙였다.

"좋아, 지금부터 그 이야기를 한번 해볼까? 홍민이가 좋아하는 국사 과목을 예로 들어 보자. 저번에 중간고사 암기 과목 내신 준비 할 때 형이 강조했던 부분들 기억나?"

나는 중간고사를 앞두고 진행했던 형과의 수업을 되새겨 보았다.

수리탐구Ⅱ 영역을 효과적으로 정복하는 법

못할 것 같은 일도 시작해
놓으면 이루어진다 _ 채근담

현명한 과목 선택은 수리탐구Ⅱ의 첫 걸음이다

"형, 안녕하세요?"

"그래, 왔구나. 날씨가 많이 더워졌지?"

형이 문을 열고 거실로 안내해주었다.

"일요일인데 집이 한가하네요. 이모랑 이모부는 어디 가셨어요?"

부엌에서 주스를 따르던 형이 대답했다.

"이번 주도 어김없이 주말 농장 가셨지. 요즘은 매 주말마다 가서 농사를 지으셔. 농작물이 매주 성장하는 모습이 기쁘고 뿌듯하신가봐."

"형, 형도 제가 매달 성장하는 거 보니 뿌듯하지 않으세요?"

내가 장난기 섞인 얼굴로 이야기했고, 형은 고개를 갸웃거리며 대답했다.

"그래? 홍민이 키는 별반 차이가 없는 것 같은데? 아니면 옆으로 성장하고 있는 거야?"

'어? 나는 그런 의미로 얘기한 게 아닌데?'

내 표정이 굳어지는 걸 느꼈는지 형이 이내 웃으며 이야기했다.

"하하, 농담이야. 형은 홍민이를 만날 때마다 얼마나 기쁘고 감사한데. 매번 변화하는 모습이 뿌듯하지. 그런데 아마 형보다는 홍민이네 부모님이 더 놀라고 계실 것 같은데?"

내가 고개를 끄덕이며 대답했다.

"네. 엄마가 특히 좋아하세요. 예전엔 저랑 싸우고 나면 소화도 안 된다며 힘들어 하셨는데, 요즘은 그럴 일이 거의 없으니까요. 성적과 상관없이 제가 열심히 하는 모습만 봐도 기분이 좋으신가봐. 참, 요즘에는 학교에서 야간 자율 학습을 하고 있어요. 지난 주 초에 학교에서 신청을 받았거든요. 처음에는 집 근처 구립 도서관을 생각했는데, 집보다는 학교가 나을 것 같아서 마음을 굳게 먹고 결정했어요. '뭐 학교에 오래 있긴 싫은데' 라는 생각도 들었지만 친구들과 함께 공부하면 도움도 되고, 긴장도 될 것 같아서요."

나는 말문이 트인 듯 나의 근황을 쉴 새 없이 얘기했다. 형은 환하게 미소 지으며 내 말을 경청했고, 때로는 맞장구를 치며 내 등을 토닥여주기도 했다.

"홍민이가 지난 2주의 시간을 아주 충실히 보냈구나. 자, 그럼 이제 오늘의 수업을 시작해볼까?"

형은 방에서 A4 용지 몇 뭉치를 가지고 나와 거실의 탁자 위에 하나씩 펼쳐놓았다.

☆ ✦

"어? 이건 2009년 수능 수리탐구II 영역 기출문제잖아요?"

"응. 우리가 지금까지 언어, 수리, 외국어를 다루었잖아? 이제 수리탐구II 부분을 한번 살펴봐야 할 것 같아서. 그런데, 기출문제를 과목별로 펼쳐놓으니 많긴 하다. 테이블이 꽉 차네."

"저도 11과목이라는 이야기만 들었지, 이렇게 직접 확인한 적은 없었거든요. 정말 많네요."

"그렇지. 이 11과목 중에서 4과목을 고르는 거니까 선택할 때 많은 고민이 될 텐데, 어떤 과목으로 시험 볼지 생각해본 적 있어?”

나는 다소 곤란스러운 표정으로 대답했다.

“음…. 사실 깊이 생각해본 적은 없어요. 일단 지난번 모의고사 볼 때는 학교에서 배우는 과목 위주로 시험을 봤거든요. 국사, 사회문화, 경제, 한국지리였는데 친구들도 대부분 이렇게 시험 보더라고요. 형은 어떤 과목을 선택했어요?”

“그거 알아? 형이 시험 볼 때는 수리탐구Ⅱ가 지금과는 많이 달랐다는 거. 문과생들은 과학탐구 영역을, 이과생들은 사회탐구 영역도 시험을 봐야 했거든. 그때는 일반사회, 윤리, 한국지리, 국사를 기본으로 치러야 했고 선택은 1과목밖에 할 수 없었어. 형은 경제 과목을 선택했지. 여기에 물리, 화학, 생물, 지구과학도 시험 봤으니 총 9과목을 시험 본 거였네?”

“상상이 안 돼요. 지금 4과목 시험 보는 것만으로도 머리가 지끈지끈 아파오는데.”

내가 형보다 늦게 태어났다는 것에 안도의 한숨을 쉬며 이야기했다.

“그래, 그때와 비교해보면 지금은 부담이 한결 덜할 거야. 대신 지금은 어떤 과목을 치를지 신중하게 잘 선택해야겠지?”

형은 과목별 문제지를 하나씩 찬찬히 살펴본 후 나를 바라보며 이야기했다.

"홍민아, 수리탐구II는 열심히 준비하는 것에 앞서 지혜로운 과목 선택이 굉장히 중요하다고 할 수 있어."

내가 의아한 표정을 지으며 형에게 되물었다.

"지혜로운 과목 선택이라고요?"

"그래. 홍민이의 희망 전공과 선호 과목, 연계 과목 등을 종합적으로 고려해야 한단다."

"저는 그냥 학교에서 배우는 과목으로 선택하면 될 줄 알았는데, 조금 더 구체적으로 이야기해주세요."

형은 주스를 한 모금 마신 뒤 찬찬히 이야기를 시작했다.

"가령, 예를 들어 홍민이가 법학과 진학을 목표로 한다고 가정해보자. 상식적으로 생각했을 때 어떤 과목을 선택하는 게 좋을까?"

나는 탁자 위에 펼쳐진 시험지를 한번 살펴 본 뒤 대답했다.

"아무래도 법에 대해 배우는 법과 사회겠지요? 그리고 윤리 과목도 연관성이 있을 거 같고요."

"그렇겠지? 만약 경영학과를 진학하고자 한다면?"

"경영학은 경제 상황과 밀접한 관련이 있을 테니, 경제 과목 선택이 좋겠네요?"

"만약 지리학과나 역사학을 전공하고자 하는 학생이라면 어떨까?"

형은 거듭해서 질문을 던졌다.

"지리학과를 지망하려는 학생이라면, 세계지리, 한국지리 선택이 나을 테고, 역사학과 지망생이라면 국사, 한국근현대사, 세계사를 선택하는 게 낫겠죠? 그런데, 꼭 진학하려는 대학의 전공에 맞추어서 사회탐구 과목을 선택할 필요는 없잖아요? 지망하는 전공이 바뀔 수도 있고 이 과목들을 배웠다고 해서 가산점을 더 주는 것도 아니잖아요."

형이 고개를 끄덕이며 대답했다.

"홍민이 말도 일리가 있어. 그런데, 한번 생각해 봐. 요즘은 대학교에서 전공 별로 구술 면접을 실시하는 곳이 매우 많거든. 다른 모든 조건이 똑같을 때, 경제 과목을 선택해서 공부한 학생과 그렇지 않은 학생이 경제학과 면접을 치른다면 누가 더 유리할까?"

"경제 과목을 선택한 학생이겠지요? 면접이라는 요소를 생각 못했네요. 우와, 이런 것도 고려해야 되는군요."

"그렇지. 그리고 이 선택은 입학 후에도 영향을 미치게 돼.

형은 고등학교 때 경제 과목을 선택했었다고 했잖아? 그래서 대학교 1학년 때 수강했던 경제학 원론이 훨씬 쉽고 재밌었거든. 반면 경제 과목을 선택하지 않은 친구들은 기초 개념 이해에 많은 시간을 필요로 하더라고."

형은 당시의 기억이 떠오르는 듯 흐뭇한 표정을 지었다.

"이렇게 생각해보니 전공과 연관된 탐구 과목을 선택하는 게 중요하겠네요."

"그렇지. 이는 과학탐구 과목을 선택하는 이과생들도 마찬가지일거야. 공대를 지망하는 친구들은 물리나 화학을, 의대를 지망한다면 생물이나 화학으로 심화 선택을 하겠지."

좋아하는 과목을 중심으로 몰입하자

"지혜롭게 탐구 과목을 선택해야 한다는 말이 이해가 되네요."

형과의 대화를 곰곰이 생각한 뒤 곧이어 형에게 물었다.

"형, 혹시 그 외에도 고려해야 할 다른 요소들이 있을까요?"

형은 탁자 위에 펼쳐진 기출문제를 가리키며 대답했다.

"아무래도 학교에서 한 번 다루었던 과목을 선택하는 게 낫겠지? 내신 준비하면서 한번 훑어봤을 테니까. 그리고 가급적이면 연계된 과목을 선택하는 게 좋아. 아무래도 내용이 겹치는 부분이 존재하면 공부하면서 시너지 효과를 거둘 수 있거든. 국사 선택 과목에서 근현대사 부분도 포함이 되니까 국사를 선택한 학생이 한국 근현대사를 선택한다면 공부가 더 수월해지겠지? 법과 사회와 정치도 겹치는 부분이 꽤 있다고 하더라. 특히 한국지리, 세계지리, 경제지리를 묶어서 선택하는 경우도 꽤 있다고 하고."

내 머릿속에선 자연스럽게 그림이 그려졌다.

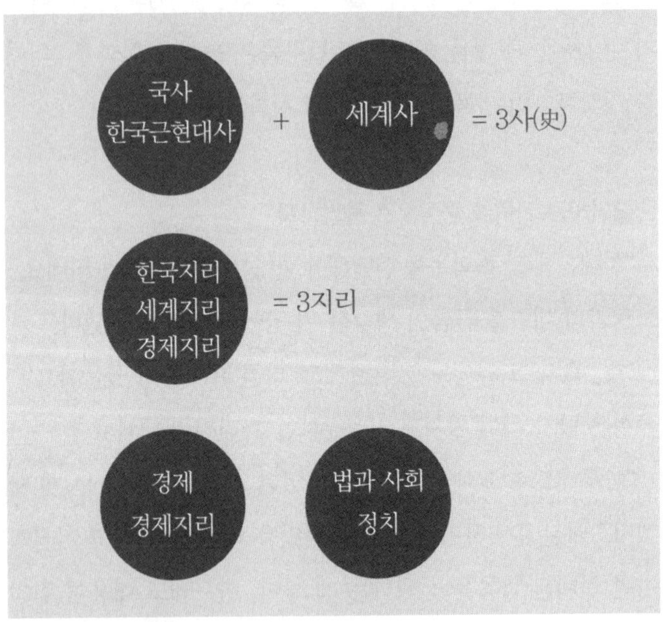

그러다 문득 화들짝 놀라며 형에게 물었다.

"형, 형이 시험 볼 때랑은 수리탐구II 영역이 많이 바뀌었다고 했잖아요? 그런데 어떻게 이렇게 잘 알고 계시는 거예요?"

"홍민이랑 수업해야 하는데 이 정도 준비는 기본이지."

형이 밝게 웃으며 이야기했다. 평소 준비성이 뛰어난 형의 면모를 제대로 느낄 수 있었다.

"참, 과목 선택에 있어 가장 중요한 한 가지 사실을 명심하렴."

"가장 중요한 사실이라고요?"

나는 귀를 쫑긋 세우고 형의 말에 귀 기울였다.

"가장 중요하면서도 단순한 진리야. 홍민이가 흥미를 느끼는 과목을 선택하라는 거지. 1학년 때 이미 학교에서 국사, 한국지리, 일반사회, 윤리 등의 과목을 배웠고, 이제 정치와 사회문화를 배우고 있잖아? 이 중에서 어떤 과목이 가장 재미 있었어?"

"저는 국사가 제일 좋았어요. 어렸을 때 《만화 한국사》라는 책을 여러 번 읽었거든요. 그래서 역사적 사건이 매우 익숙하고 재미있게 다가와요. 그리고 우리나라의 과거가 어떠했는지 알아가는 것도 뿌듯하고요. 형은 경제 과목을 많이 좋아했었나 봐요?"

"응. 나는 중학교 때부터 시사 경제 주간지를 구독해서 경제 상황과 용어가 전혀 낯설지 않았어. 경제 과목이 쉽고 재미있을 수밖에 없었지. 결국 자신이 흥미 있는 분야에 더 관심을 기울이고 시간을 투입하기 마련이잖아? 그러니 홍민이가 좋아하는 과목을 바탕으로 앞으로의 진로 설정과 연계 과목을 잘 고려하면 될 거야. 참, 대부분 대학이 4과목 모두를 반영하지 않는다는 건 잘 알고 있지?"

"네?"

형에게 깜짝 놀라 되물을 때 얼굴이 달아올랐다. 입시 당사자는 나인데, 형이 나보다 입시와 관련된 사항을 더 잘 알고 있다는 사실이 부끄러웠다.

"아직 이 사실을 잘 몰랐구나. 서울대학교만 수리탐구II 영역 중 4과목을 반영하고, 서울 시내 대부분 학교는 4과목 중 성적이 제일 높은 3과목을 반영한단다. 4과목 중 2과목만을 반영하는 학교도 꽤 있지."

"어? 그러면 4과목 전부 공부 안 하고 3과목만 집중해서 공부해도 괜찮겠네요?"

형은 고개를 절레절레 저으며 대답했다.

"홍민아, 그건 정말 해서는 안 되는 방법이야. 만약 1과목을 포기하고 3과목만 공부했는데, 그 3과목 중 1과목에서 예상치 못한 실수를 많이 한다고 생각해봐. 엄청나게 후회할 걸. 그러니 먼저 4과목 모두 최선을 다해야 하는 거야. 알겠지?"

"에휴, 그냥 제일 자신 있는 3과목만 준비해서 시험 보면 속 편할 텐데, 일단은 다 열심히 준비해야겠군요."

'왠지 사회탐구 4과목 중 1과목에 헛된 노력을 기울이고 있는 건 아닐까?' 라는 생각이 들었지만 형 말처럼 일단 어느 하나 소홀히하지 말아야겠다고 다짐했다. '참, 잊어버리기 전에 얼른 적어놔야겠다' 나는 얼른 노트를 꺼내 수리탐구Ⅱ 과목 선택 요령을 기록해 나갔다.

◉ 수리탐구 Ⅱ 과목 선택 방법
  1) 학교에서 배우는 과목을 우선적으로 고려하기
  2) 지망 전공을 고려해서 과목 선택하기
  3) 연계 과목을 고려하기

통합적 사고와 자료 해석은 수리탐구Ⅱ의 핵심이다

형의 말을 듣고 수리 탐구Ⅱ에 대한 부담이 줄어드는 듯했지만 테이블 위의 수북이 쌓인 문제와 자료들을 보니 막막함이 모두 가시지는 않았다.

"형 그러면 수리탐구II 영역은 어떤 식으로 준비해야 하는 거예요?"

조금 기가 죽은 나와는 달리 형은 씩씩하게 소매를 걷어붙였다.

"좋아. 지금부터 그 이야기를 한번 해볼까? 홍민이가 좋아하는 국사 과목을 예로 들어보자. 저번에 중간고사 암기 과목 내신 준비 할 때 형이 강조했던 부분들 기억나?"

나는 중간고사를 앞두고 진행했던 형과의 수업을 되새겨보았다.

"음. 흐름을 잡으면서 공부하라고 했던 거요? 이번 기말고사 준비도 그런 방법으로 하고 있어요."

"정말 잘하고 있는 거야. 그 공부 방법은 사회탐구 영역 준비를 위한 직통 열차와도 같거든."

"네? 이런 공부 방법이 수능 준비와도 연결이 된다고요?"

형은 주변을 살피며 마치 중요한 비밀을 이야기하는 듯한 몸짓을 취했다.

"많은 학생들이 수능 시험은 내신 시험과 접근 방법이 달라야 한다는 사실을 잘 모르고 있어. 수능 시험의 주요 목적 중

하나는 학생의 통합적 사고력과 자료 해석 능력을 평가하는 거야. 주로 세부적인 내용의 알고 모름을 평가하는 내신과는 그 평가 방식이 다르지. 혹시 사회탐구나 과학탐구 영역 수능 기출문제를 살펴본 적이 있니?"

내가 머리를 긁적이며 대답했다.

"아니요."

"일단 홍민이가 수능 기출 문제를 풀어보면 형의 말뜻을 이해하게 될 거야. 주요 자료나 상황들은 대부분 문제에 주어지기 마련이거든."

말을 마친 형은 옆에서 A4 용지 뭉치를 하나 더 꺼내놓고 이야기했다.

"홍민아, 이건 형이 수능 시험을 치렀던 2002년 사회탐구 국사 과목의 기출문제야. 이 문제를 한번 풀어볼래?"

형은 페이지 하단의 문제를 가리켰다.

53. 자료 (가)와 이에 대한 해설 (나)에 관련된 진술 중 잘못된 것은?

(가)근년에 이르러 동전이 매우 귀해지고 물건이 천해지니 농민과 상인이 함께 곤란해져 능히 견디지 못한다.

– 정상기, 농포문답 –

(나)교환 경제가 점차 발전하는 가운데 동전의 수요량이 공급량을 초과하게 되었고, 그 과정에서 동전의 구매력은 더욱 상승하였다. 이에 따라 동전 자체가 투기의 대상이 되면서 교환 경제에서 퇴장했고, 이는 동전의 부족 현상을 더욱 가속화시켰다. 한편 조세 금납화의 추세 속에서 농민층은 화폐 구입을 위해 마지못해 물건을 헐값에 판매하거나 또 고리대의 수탈을 당하기도 했다.

① 이 시기에는 상대적으로 물가가 높았을 것이다.

② 조선 후기의 당백전의 발행은 위와 반대의 현상을 초래했을 것이다.

③ 위의 문제는 부를 저장할 수 있는 화폐의 기능이 강해졌기 때문에 생긴 것이다.

④ 위의 문제는 대규모의 추가적인 화폐의 발행을 통해 일단 해결될 수 있었을 것이다.

⑤ 18세기 초부터 19세기 초에 걸쳐 우리나라에 나타났던 전황 현상을 발한다.

[2002년 사회탐구 영역(인문계, 홀수형)]

정신을 집중해서 찬찬히 문제를 훑어보았다. 처음에는 마치 언어 영역 문제를 보는 것 같아 혼란스러웠지만 조금 생각해 보니 쉽게 답을 찾을 수 있었다.

"형, 이 문제 너무 쉬운데요? (나)에 보면 물건을 헐값에 판

매했다고 나오잖아요? 그러면 당연히 물가가 많이 쌌다는 얘기 아닌가요?"

오히려 형이 당황스러운 표정을 지었다.

"어? 이 문제를 그렇게 쉽게 풀었단 말이야? 사실 이 당시에 이 문제를 어렵게 생각해서 틀린 친구들이 꽤 있었어. 형도 조금 헷갈려했지. 국사와 경제 문제가 합쳐진 형태여서 복잡하게 다가왔거든. 특히 '전황'이라는 단어의 뜻을 잘 몰라서 틀렸던 친구들도 많았어. 아무튼, 방금 전에 홍민이가 말했듯이 마치 언어 영역 문제 같지? 딱 봐도 내신에서 접한 국사 문제와는 많이 다르다는 걸 느낄 거야. 국사 시험에서 단골로 출제되는 '당백전', '조세의 금납화' 등의 용어는 이미 자료에서 주어졌지? (가) 의 출처는 정상기의 '농포 문답'이라는 사실도 주어졌고."

내가 고개를 끄덕이며 대답했다.

"그러네요…. 학교 내신 문제였다면 (가) 내용을 주고 '이러한 내용을 쓴 사람은?' 이라는 문제로 나왔을 수도 있을 거 같아요."

형이 웃으며 이야기 했다.

"맞아. 그랬을지도 모르겠다. 한번 봐봐. 이 문제에서는 단순한 지식의 암기 정도를 측정하기보다는 문제에서 주어진 내용을 파악한 뒤 그 당시의 역사 정황적 맥락과 연결지을 수 있는 능력을 평가하고 있잖아? 이 문제를 풀 당시 형은 이런 식의 과정을 거쳤었어."

형은 내 노트에 다음과 같이 적어나갔다.

1. 문제 해석

조선 후기 : 농업 및 수공업, 상업의 발달 ⋯▸ 생산량 증가, 유통량 증가 ⋯▸ 그러나 화폐는 늘지 않음 ⋯▸ 화폐의 개별 구매력 향상 ⋯▸ 화폐 투기 ⋯▸ 화폐는 더욱 줄어들고 가치는 상승하는 악순환

"먼저 이런 식으로 제시문을 도식화해보렴. 그러면 문제의 이해도도 높아지고 자료 해석의 실수도 줄어들거든."

"형, 그런데요 이렇게 적어나가면 막상 시간이 부족해서 문제를 다 못 풀 거 같은데요?"

"그럴 수 있지. 시험시간에 이렇게 접근하는 건 어려울지도 몰라. 그런데 수능 기출문제나 오답노트를 이용하여 꾸준히 연습을 계속하면 나중에는 머릿속에 저절로 그 흐름이 그려진단다."

나는 도저히 믿을 수 없다는 표정을 지었고, 형은 웃으며 이야기했다.

"이 연습이 익숙해지면 형의 말이 이해가 될 거야. 그럼 이제 본격적으로 보기 분석에 들어가보자. 간단하게 각 보기에 대한 의견을 적어보는 거지. 형의 분석 과정을 참고해보렴."

형은 나를 바라본 뒤 문제 풀이 과정을 차근차근 적어가기 시작했다.

2. 보기 풀이

① 물가가 높다?

높을 리 없음. 물건은 많아지고, 화폐의 가치는 상승하였으므로 물가는 하락했을 것임 ⋯➔ X

② 대원군은 경복궁 중건을 위해 조선 후기 당백전을 대량 살포하였고 이에 따라 물가 상승으로 서민이 고통받음 ⋯➔ O

③ 투기 목적 ⋯➔ 부를 축적 ⋯➔ O

④ 화폐부족으로 일어난 현상 ⋯➔ O

⑤ 전황 : 당시 전황이 발생하였나? ⋯➔ 그렇지만 ①이 오답 확실하므로 이 보기는 ⋯➔ O

형의 풀이 과정을 한참 동안 살펴보던 내가 이야기했다.

"형, 그저 무작정 암기만 해선 이렇게 풀어나가지 못할 거 같다는 생각이 들어요. 형 말처럼, 먼저 사회 탐구 과목의 전체적인 얼개와 사건 사이의 흐름을 잘 찾아가야겠어요."

형이 무릎을 치며 대답했다.

"바로 그거야! 사실 난 2002년도 수리탐구II 영역 시험을 보면서 얼마나 당황스러웠는지 몰라. 과학탐구와 사회탐구 문제가 내가 생각했던 바와는 너무 다른 식으로 나왔던 거야. 학교와 학원에서 내신 준비에 익숙해져 있었기에 무의식적으로 수능도 이렇게 준비해야 한다고 생각했던 것 같아. 특히 국사의 경우 구석기, 신석기 유적지부터 시작해서 주요 역사적 사실을 암기하는 데 많은 시간을 들였거든. 그런데 막상 시험지를 살펴보니 암기만 하면 되는 문제가 아니었던 거야. 그 이상의 문제들이 대다수를 차지하더라고. 그간 세부적인 사항을 외우느라 들였던 노력과 시간이 머릿속을 스쳐 지나갔지. 무지 아쉽더구나."

내가 안타까운 표정으로 형을 바라보며 이야기했다.

“9과목을 그런 식으로 공부했을 테니, 투입된 시간이 장난 아니었겠어요.”

“많이 늦은 감이 있었지만, 기출문제를 먼저 풀어보고 출제 방향을 익혀야 하는 중요성을 뼈저리게 느낄 수 있었지”

형은 너털웃음을 터뜨리며 이야기했다.

지금이야 시간이 흘렀으니 이렇게 여유 있게 말하지만, 그 당시에는 얼마나 아쉬웠을까? 나도 모르게 ‘나는 그러지 말아야지’하는 생각에 바짝 긴장했다.

“홍민아, 그렇기 때문에 수리탐구II 영역은 기출 문제를 통해 출제 경향을 파악하는 일이 먼저 이루어져야 해. 내가 처음에도 말했듯이 목표점을 제대로 알아야 효과적인 준비가 가능하겠지? 학교에서 탐구 과목 진도를 마무리하는 겨울방학 즈음에 수능 5개년도 기출문제를 풀어보며 수능의 감을 익혀보렴.”

“네.”

“기출문제를 풀면서 수능 출제 경향을 익혔다면 선택 과목별로 교과서를 정독하며 기본적인 개념을 숙지해야 해. 그리고 나서, 지난번 수업처럼 흐름과 얼개를 잡으며 관련 개념과 사건을 정리하는 거지.”

말을 마친 형은 사회문화 기출 문제지를 가리켰다.

5. (가), (나) 사례에 대한 설명으로 가장 적절한 것은? [3점]

(가)우리 민족은 우리의 농경 문화를 반영하여 정초·한식·단오·추석·동지 등에 차례를 지내면서 계절 음식을 올리는 세시 풍속을 가지고 있다. 이러한 세시 풍속은 중국 유교의 영향을 받은 부분도 있으나 우리 민족의 우수한 문화 창조 능력이 발휘되어 중국과는 차이가 있다.

(나) 해방 이후 서구의 가치관에 영향을 받아 민간 신앙은 미신으로 몰려 많이 사라졌다. 그러나 토정비결을 보고, 점을 치고, 미륵에게 치성을 드리는 등 민간 신앙은 여전히 향수처럼 이어져오고 있다.

① (가)는 민족 문화의 물질적인 요소가 비물질적인 요소보다 빠르게 변화하였다는 것을 보여준다.

② (가)는 민족 문화가 민족 고유의 문화에 외래 문화 요소가 가미되어 변화하였다는 것을 보여준다.

③ (나)는 제도, 문화의 유입으로 물질 문화의 변동이 나타났다는 것을 보여준다.

④ (나)는 다른 문화와의 비교를 통해 문화의 보편성을 찾을 수 있다는 것을 보여준다.

⑤ (가), (나)는 우리 문화를 기준으로 타국의 문화를 평가할 수 있다는 것을 보여준다.

[2009년 사회탐구 영역 사회문화(홀수형)]

"어때? 방금 전 살펴본 국사 문제와 느낌이 비슷하지 않아?"

형의 말을 듣고 문제를 살펴보니 정말 그런 것 같았다. 사회 문화 과목의 문제도 그저 단편적인 지식을 묻는 게 아니라 중심 개념과 연관된 사항을 통합적으로 묻고 있었다.

"그러네요. 형, 이번에는 제가 다른 과목을 찾아볼래요."

말을 마친 나는 윤리 기출 문제를 훑어보았다. 2009년 윤리 과목의 기출 문제 역시,

'다음 사상가가 강조하는 삶의 태도로 가장 적절한 것은?'
'갑, 을 사상가들의 관점에 대한 설명으로 옳은 것은?'

이라는 식의 물음이었다.

"윤리 문제도 형식은 비슷한데요?"

"그렇지? 다른 과목도 비슷한 형식을 띠고 있어. 과목 특성에 따라 도표나 지도 등이 중심이 되는 과목도 있지만 결국은 핵심 개념에 대한 종합적인 사고 능력을 묻는 문제가 대다수란다."

"형, 이렇게 기출문제를 확인하고 나니 어떤 식으로 공부해야 할지 조금은 알 것 같아요. 세부적인 사항만을 암기하기보

다는 전체적 틀을 먼저 이해하고 단원별 핵심 개념을 잘 알아야겠어요. 무작정 외우기부터 했으면 시간만 많이 들고, 이런 문제도 못 풀었을 것 같아요.”

형이 고개를 끄덕이며 이야기했다.

“맞아. 형이 왜 그렇게 기출문제부터 풀어볼 것을 강조했는지 이해하겠니? ‘지피지기면 백전불태(知己知彼 百戰不殆)’ 라는 말처럼 출제 경향을 파악하면 어떻게 준비해야 할지 감이 잡히거든. 내신 준비할 때 형이 알려준 것처럼 전체 흐름을 먼저 정리한 뒤 세부 내용을 연관지으며 공부해보렴.”

시행착오를 반복하지 않기를 바라는 형의 마음이 느껴졌다.

과학탐구도 흐름과 원리로 접근하라

“홍민아, 지난 번 수업 때 이번 기말고사에서 과학 과목 준비가 부족해서 걱정된다고 했었잖아?”

형이 문득 물었다.

“네, 수학도 그렇지만 과학은 더 복잡하고 어려운 것 같아요.”

“그런데 사실 과학 문제에 대한 접근법은 사회탐구의 그것과 크게 다르지 않단다. 오늘 수업에서 학습했던 사항들을 잘 명심한다면 과학 과목의 기말고사 준비가 더 수월해질 거야.

다만 한 가지 차이점이 있다면 사회탐구에서 각 단원 간 연결 고리와 흐름이 중시되는 것에 비해 과학탐구에서는 각 단원 내의 주요 실험과 이론들이 중시된다는 거야.”

형은 다시 종이를 꺼내들며 말했다.

“과학탐구 과목을 공부할 때는 무엇보다도 각 단원별로 주요 이론과 실험에 관련한 사항을 철저히 파악해야 해. 먼저 기본 원리 이해에 초점을 맞추는 거지. 핵심 이론과 원리를 잘 이해하지 못하면 문제를 풀더라도 ‘해답’만을 외우는 공부를 하기 십상이거든.”

“그런데요, 형. 과학탐구 영역도 사회탐구 영역처럼 여러 개념이나 이론이 복합적으로 나오지 않나요?”

“응. 점차 그렇게 되어가고 있는 것 같아. 과학탐구 영역은 핵심 원리를 다양한 방법으로 응용한 문제를 출제하기 마련이야. 그러니까 기본 원리를 잘 숙지하고 있으면 여기저기 꼬인 실타래를 잘 풀어나갈 수 있지. 하지만 기본기가 탄탄하지 못하다면, 문제 곳곳에 설치된 함정에 쉽게 빠지게 돼.”

“그럼 과학탐구도 사회탐구처럼 공부하면 되나요?”

“먼저 교과서의 기본 개념을 착실히 익히되, 이해가 어려울 때는 자세한 설명이 기재된 참고서를 통해 이해도를 높여가렴. 사실 과학 과목의 문제는 출제되는 개념이나 실험이 한정되어 있기 때문에, 일정 수준을 넘어서게 되면 주요 실험과 원리가 어떻게 응용되는지 눈에 들어올 거야. 이를 바탕으로 본격적인 문제풀이에 돌입하는 거지. 과학 문제 풀이도 사회탐구를 푸는 접근법과 별반 차이가 없단다. 2009년 수능 시험의 물리 I에 출제된 문제 한번 볼래?"

6. 그림은 마찰이 없는 수평면 위에서 6m 떨어져 정지해 있던 물체 A, B가 동시에 각각 크

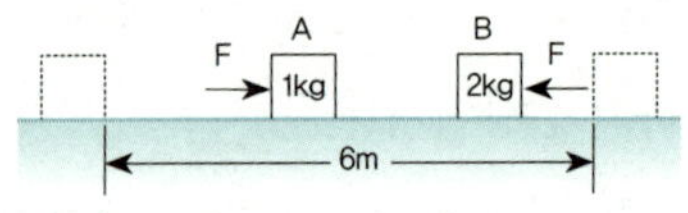

기가 F이고 방향이 반대인 수평 방향의 일정한 힘을 계속 받으며 동일 직선상에서 운동하는 모습을 나타낸 것이다. A, B의 질량은 각각 1kg, 2kg이고, 힘을 받기 시작한 순간부터 1초가 지날 때 두 물체의 속력의 차는 1m/s이다.

이에 대한 설명으로 옳은 것만을 〈보기〉에서 있는 대로 고른 것은? (단, 두 물체는 충돌 후 한 덩어리가 되고, 공기 저항과 물체의 크기는 무시한다.) [3점]

─────── 〈보 기〉 ───────

ㄱ. F는 2N이다.
ㄴ. 힘을 받기 시작한 순간부터 2초가 지날 때 A와 B는 충돌한다.
ㄷ. 충돌 직전, A와 B의 운동에너지 합은 18J이다.

① ㄱ　② ㄷ　③ ㄱ, ㄴ　④ ㄴ, ㄷ　⑤ ㄱ, ㄴ, ㄷ

[2009년 과학탐구 영역 물리I]

"아~형. 보기만 해도 복잡한데요?"

"문제 접근은 사회탐구와 같아. 먼저 제시문 요약 및 해석 작업을 하는 거야. 과학탐구 문제는 '문제 안에 답이 있는 경우'가 상당히 많거든. 그렇기 때문에 문제 해석만 잘해도 쉽게 문제를 해결할 수 있단다."

"뭐, 그건 수리 영역 수업과 비슷하네요."

"그렇지? 문제를 찬찬히 읽으며 주요 사항에 밑줄을 치고, 수식으로 정리를 해보는 거야."

형은 이렇게 말하며 노트에 하나씩 적어나갔다.

1) 6m 떨어져 정지해 있던 물체 A, B → V0=0

2) 수평 방향의 일정한 힘 → V=at

3) A, B의 질량은 각각 1kg, 2kg

→ F= ma, 질량 비율이 1 : 2 이므로 가속도 비는 2 : 1

4) 힘을 받기 시작한 순간부터 1초가 지날 때 두 물체의 속력의 차는 1m/s → $V_A - V_B = 1\,m/s$

"와, 이렇게 보니 좀 생각해 볼만한데요?"

"이렇게 문제를 해석했다면 이제 〈보기〉로 넘어가는 거지. 문제 해석을 바탕으로 관련된 공식을 적용하며 〈보기〉의 옳고 그름을 판별하기 위한 공식을 도출해보는 거야."

"과학은 공식들이 많아서 더 헷갈리는 것 같아요. 무엇을 어디에 대입해야 할 지 사실 잘 모르겠거든요."

"그렇지. 하지만 차근차근 적용해볼까? 먼저, 'ㄱ. F=2N'을 검증하기 위해선 F= ma 라는 기초 공식을 적용할 수 있겠지? 두 물체의 질량값 (정리 3)은 주어졌으니 가속도 a 값을 구하면 이 명제의 옳고 그름을 증명할 수 있을 거야."

"그럼 a 값은 어떻게 구할 수 있어요?"

나는 문제가 하나하나 정리되며 풀려나가는 과정이 정말 궁금했다.

"이럴 때 위의 정리 영역을 살펴보는 거야. 정리 2)를 통해 속력과 시간을 알면 a값을 구할 수 있잖아? 속력은 정리 4)를 통해 도출할 수 있지. 자, 문제 해석만 잘해도 문제가 풀린다는 말이 실감이 나지?"

"와, 그러네요."

"그리고 'ㄴ. 두 물체가 2초간 6m를 이동'했는지 여부를 점검하는 것은 두 물체의 이동 거리가 6m라는 증명을 해보면 돼. 거리를 구하기 위해 적용해야 하는 공식 알고 있지? 정리 1)을 통해 V0=0 이라는 사실을 알 수 있고 ㄱ의 풀이를 통해 가속도 a 를 구할 수 있었고. 이제 숫자만 대입하면 되겠지?"

"그럼 마지막 'ㄷ. 운동에너지 J'는 운동에너지 공식을 활용하면 되겠네요."

"그렇지? 이 명제의 옳고 그름을 판별하기 위해선 운동에너지= 1/2mv^2 공식을 활용해야 한다는 생각을 해볼 수 있을 거야. 이미 t =2 일 때의 속력은 쉽게 구할 수 있고, 질량값도 알고 있으니까 말이야."

"의외로 쉽게 풀릴 수 있군요."

"그렇지? 문제를 해석하고 관련 공식(이론)을 도출하는 과정을 잘 확인할 수 있겠니? 비록 위의 경우처럼 명확하게 정리하지 못한다고 해도 너무 걱정하진 마. 일단 기초 개념의 이해에 초점을 맞추고 문제를 풀다보면 이런 부분은 자연스럽게 향상되기 마련이거든."

"하지만, 풀이 과정이나 관련 공식이 떠오르지 않아서 그냥 해답을 보고 넘어가게 되기도 해요."

"그래서는 안돼, 홍민아. 그건 밭에서 발견한 보화를 그냥 지나치는 것과 똑같아. 개념 학습을 위한 좋은 기회라고 생각하고 교과서나 참고서를 찾아보며 해당 실험이나 이론을 숙지하렴. 놀랍게도 이 한 문제에서 등가속도 운동, 물체의 거리를 구하는 공식, 운동에너지 법칙 등 다양한 기초 개념을 점검할 수 있잖아? '한 문제라도 제대로 푼다'는 마음으로 과학탐구영역의 기출문제를 문제를 정성들여 푼다면 실력과 자신감 향상이라는 두 마리 토끼를 잡을 수 있을 거야."

형은 밝게 웃었다. 형과 함께 풀어본 문제를 다시 한번 살펴보았다. 처음에는 어떻게 이것을 풀어야 할지 막막했는데, 형이 풀어낸 과정대로 가니 마법이라도 쓴 듯 술술 풀리는 느낌이었다. 나를 보던 형은 흐뭇한 표정을 짓더니 가방에서 노트두 권을 꺼내들었다.

"자, 이건 오늘의 숙제."

한 권의 노트는 파스텔 톤의 예쁜 새 노트였고, 다른 한 권은 낡고 빛바랜 헌 노트였다. 나는 특히 오래돼 보이는 노트가 무엇일까 자못 궁금했다. 형은 나의 이런 마음을 눈치챘는지

헌 노트를 건네주며 말했다.

"홍민아, 이건 형이 수능 시험을 한 달 앞두고 사회·과학탐구 관련 교과서의 주요 개념을 정리했던 노트야. 형의 눈물과 땀이 고스란히 배어있는 노트지. 노트를 살펴보며 어떤 식으로 교과서를 정리해야 할지 잘 살펴보렴."

형이 건네주는 노트를 받자마자 설레는 마음으로 노트 곳곳을 살펴보았다.

노트에는 검정색과 빨간색 글씨로 교과서의 목차와 중요 개념 사항이 빼곡히 들어차 있었다. 형의 노트는 형의 얼마나 최선을 다해 공부했는지를 그대로 보여주는 듯 했다. 빽빽한 글자와 색색의 형광펜, 그리고 얼마나 많이 보았는지를 보여주듯 흐물흐물해진 종이까지, 치열했던 공부의 흔적을 느낄 수 있었다. 나는 감격스러운 목소리로 이야기했다.

"우와, 형의 노력과 노하우가 생생히 느껴지는 것 같아요."

"그러니? 홍민이는 더 잘할 수 있을 거야. 참, 형이 준 노트를 참고로 해서 홍민이만의 노트를 만들어보는 거야. 알았지?"

"네!"

나는 두 권의 노트를 품고 어느 때보다 크고 우렁찬 목소리로 대답했다.

정말 하고 싶은 일을 찾는 법

Chapter. 8

"홍민이가 진정 하고 싶은 일과 전공을 구체화시키는 건 매우 중요한 일이야. 3월, 담에 형과 함께 대략적인 목표 대학 지망과를 만들었잖아? 이제는 그런 겉수 목표에서 벗어나서 홍민이가 원하는 바를 찾아봐야 하는 거야."
형은 시원한 녹즙과를 마시며 말을 계속 이어나갔다.
"그런데 이러한 삶의 목표를 단기간 내에 찾기란 거의 불가능할거야. 다만, 공부하는 중간중간 머리가 복잡해질 때 한 번씩 생각해 놓으렴. 홍민이가 삶에서 진정 이루고 싶은 일, 하고 싶은 일에 대해서 가끔 생각해보고, 글로 써보기도 하는 거야."

정말 하고 싶은 일을 찾는 법

대학 입학은 인생의 종착점이 아니다

6월로 접어들면서 본격적인 더위가 시작되는 듯했다. 할아버지 생신을 맞이하여 한 음식점에서 오랜만에 친척들이 모두 모였다.

"홍민오빠!"

음식점에 들어서자, 사촌 동생이 내 이름을 부르며 먼저 달려왔고, 할머니와 할아버지께서 테이블 밖으로 나와 반갑게 맞아주셨다.

"홍민이, 공부하느라 고생이 많지?"

큰이모가 자리를 안내하며 격려의 말을 건네주셨다.

“이제 공부가 조금씩 재미있어지는 것 같아요. 참, 그런데 형의 모습이 보이지 않네요?”

“지금 전화받으러 나갔어. 아까 나갔는데 아직도 안 오고 있네.”

“아, 진짜요? 다행이다.”

형도 왔다는 말에 안도의 한숨을 내쉬며 대답했다. 이 모습을 지켜보던 엄마가 말씀하셨다.

“언니, 홍민이가 오늘 형이랑 하고 싶은 이야기가 있나봐. 오늘도 형이 오는지 몇 번이나 물어봤다니까?”

“통화가 길어지는 것 같으니까, 한번 나가봐. 음식점 뒤 주차장 쪽에 있을 거야.”

주차장 옆 공원에 앉아 통화를 하고 있는 형의 모습이 보였다.

“형!!”

나의 모습을 발견한 형은 이내 전화를 끊었고, 나를 반갑게 맞아주었다.

“홍민아! 왔구나. 기말고사 준비는 잘하고 있고?”

“목표를 생각하면서 차근차근 공부해나가고 있어요. 힘들어서 포기하고 싶을 때도 있지만, 그럴 때마다 방문에 붙여놓은 연세대학교 사진을 바라보며 마음을 다잡고 있어요.”

“그래, 홍민이는 잘 해낼 거라 믿어.”

형이 웃으며 이야기했다.

“홍민아, 그런데 지금 연세대학교를 목표로 열심히 공부하고 있잖아? 혹시 그 이후의 삶에 대해서도 생각해봤어?”

나는 곰곰이 생각했지만 별다른 대답을 할 수 없었다.

“별로 생각해본 적이 없어요. 일단은 대학부터 들어간 다음에 결정하려고요. 여자친구도 사귀고, 하고 싶은 것도 마음껏 하고, 여행도 하다 보면 지금보다는 훨씬 자유롭고 행복한 삶을 살겠죠?”

“행복한 삶이라.”

형의 애매모호한 반응에 나는 조금 당황했다.

“왜요? 형은 대학교에 입학한 다음에 삶이 바뀌지 않았나요? 만약 제가 목표한 대학교에 들어갈 수 있다면, 얼마나 좋을까? 장난 아니게 기쁠 거 같아요.”

“형도 고등학교 때 그런 생각을 많이 했었지. 그런데 막상 대학에 가보니 별로 그렇지가 않더라.”

나는 형의 말에 놀라 큰 소리로 되물었다.

"선생님과 부모님들께서 말씀하시는 것 하고는 좀 다른데요?"

"입시 결과가 발표된 날은 진짜 하늘을 날아갈 것만 같았어. 축하 전화도 많이 받고, 지금껏 추구하던 목표를 이루었다는 생각에 스스로 뿌듯하기도 했지. 당시엔 정말 좋았어. 그런데 재미있는 게 뭔줄 알아? 이 기분은 딱 2주만 가더라고."

허탈하게 웃던 형은 시계를 본 뒤 자리에서 일어서며 말했다.

"형이 생각을 못했네. 배고프겠다. 일단 들어가서 먹고 이야기하자."

★ ✦

할아버지의 생신이기도 하지만 오랜만에 친척들이 모인지라 대화는 끊이지 않고 이어졌다. 특히나 형은 제대 후 친척들을 처음 만나서인지 어르신들과 많은 얘기들을 나누는 모습이었다. 하지만 나는 형이 어른들과 무슨 얘기를 하는지는 귀에 들어오지도 않았다. 밥을 먹으며 형과의 대화를 골똘히 생각하고만 있었다.

'이상하다. 좋은 대학을 들어갔는데도 왜 행복하지가 않았을까?”

밥을 먹는 내내 궁금증을 참을 수 없던 나는 조심스러운 말투로 형에게 물어보았다.

“형, 아까 대학교 생활에 대해 언급했었잖아요. 좀 더 얘기해줄 수 있어요?”

형은 잠깐 생각하더니 웃으며 말했다.

“응? 홍민이 밥 먹는 동안 말도 없더니 그 생각한 거야?”

“네, 아무리 생각해도 이해가 안 돼서요. 저도 그렇고, 친구들도 그렇고, 대학만 가면 뭐든 다 할 수 있고, 될 수 있을 것 같거든요. 그 해방감 때문에 지금 참고 있는 건데….”

자못 실망한 듯한 내 얘기에 형은 말했다.

“형이 홍민이를 실망시킨 건가? 그런데 어떡하지? 그게 사실이야. 첫 학기를 시작했는데, 고등학교 삶과 별반 달라지는 점이 없었어. 과제는 밀려오고 시험 압박은 여전히 존재했지. 대학교 가면 내 삶이 바뀔 줄 알았는데, 나는 여전히 똑같은 나더라고. 고등학교 때 공부했던 습관이 남아 있어서 전액 장학금까지 받을 수 있었지만 겨우겨우 1학기를 마친 것 같아.”

“대단한데요? 장학금을 받았단 말이에요?”

“첫 학기에는 대부분 해방감과 새로운 환경을 즐기는데 바쁘거든. 하지만 놀았던 다른 친구들과는 달리 나는 열심히 공부했기 때문이야. 다른 친구들에 비해 실력이 많이 부족하다고 생각했거든. 그런데 두 번째 학기로 접어들 때 엄청난 공허감이 밀려들기 시작했어."

"공허감이요?"

"대학교만 가면 행복해질 거라는 희망 속에 서울대 입학에 모든 노력을 기울였잖아? 그런데 막상 대학교에 입학하니 기대했던 만큼의 행복은 없고, 좋은 학점을 받아야 한다는 압박감만 늘어났던 거야."

형이 말하는 표정엔 왠지 모를 안타까움이 담겨 있었다.

"그리고 만약 좋은 학점을 받았다고 해보자. 그러면 졸업할 때는 무슨 생각이 들 것 같아?"

"요즘 신문 기사를 봐도 취직난이 장난 아니던데, 학점을 잘 받아도 힘든 건가 봐요. 아무래도 좋은 직장에 대한 부담이 생길까요?"

"맞아! 그때 그런 생각이 들었어. '좋은 학점을 받은 뒤에는 좋은 직장을 찾게 되겠지? 그 뒤로는 승진하기 위해 나 자신을 몰아세우겠지? 그러면 결국 난 언제 행복하게 될까?'라고 말이야."

나는 할 말이 없었다. 항상 밝고, 열심히 사는 형이라 생각했었는데 대학 입학 후 이런 고민을 했다는 게 잘 믿기지 않았다.

"1학년 2학기 때는 이런 생각들 때문에 공부에 집중할 수가 없었어. 수업도 빠지고, 학교도 안 가는 날이 많아졌지. 결국은 4.0이었던 학점이 1.42로 내려갔고, F학점도 2개나 맞았어."

옆에서 나와 형의 대화를 살짝 듣던 엄마가 깜짝 놀라며 말씀하셨다.

"어머, 그런 일이 있었어? 아니, 좋은 대학 들어가서 그게 무슨 일이니?"

"무엇을 하고 싶은지 구체적으로 생각해보지 않았기 때문에 시행착오를 많이 겪었던 것 같아요."

"말도 마라 얘."

큰이모가 엄마를 보며 말씀하셨다.

"그때 내 마음 고생이 얼마나 심했는데. 애써 대학 들어가더니 수업은 빠지고 아침부터 저녁까지 무슨 춤을 배우러 다니질 않나, 리포트 제출하라고 전화한 교수님한테 성적이 낮게 나와도 괜찮다고 말하지 않나, 내가 얼마나 답답했는지 몰라."

내가 형에게 웃으며 이야기했다.

"대학교 입학한 다음의 삶이 드라마틱한데요?"

"대학교에 와서 만족하며 살아가는 친구도 많이 있지만, 형처럼 방황의 시기를 보내는 친구도 의외로 아주 많아. 참, 대학생들 중 어느 학교의 학생들이 열등감을 가장 많이 갖고 있는 줄 알아?"

"열등감이라…. 글쎄요?"

"바로 서울대학교 학생들이야. 고등학교 때는 1, 2등을 다투던 학생들이 자기보다 훨씬 뛰어난 학생들을 보며 열등감을 느끼게 되는 거지. 과거에 끊임없는 비교를 통해 얻었던 우월감이 이제는 열등감이 되어 돌아오는 거야."

좋은 대학만 들어가면 모든 스트레스나 고통이 없어질 줄 알았는데, 형이 하는 말 한 마디 한 마디가 정말 충격적이었다.

세 가지 원으로 너만의 꿈을 찾아라

"형, 그러면 저한테 어떻게 하라는 거예요? 지금까지는 공부를 잘하는 방법을 가르쳐주고서, 이제는 공부하지 말라는 이야기예요?"

내가 당황스러운 표정으로 형에게 물었다.

"홍민아, 공부하지 말라는 게 아니라 공부의 참된 목적을 알아야 한다는 거야. 대학만 가기 위해 하는 공부는 한계가 있다는 말이지.”

형은 잠깐의 침묵 뒤 화제를 돌려 이야기를 꺼냈다.

“대학교 때 무엇을 전공할지는 결정했니?”

“전공은 아직 잘 모르겠어요. 제가 사실 수학을 잘 못해서 문과로 왔거든요. 형처럼 경영학 아니면 경제학을 전공할까요?”

“그러면 전공을 생각하기 전에, 홍민이는 어떤 일을 하고 싶어?”

“일이요? 꿈 말씀하시는 거예요?”

“응. 홍민이가 나중에 진짜 하고 싶은 일 말이야. 직업도 좋고.”

“아직 깊이 생각해본 적은 없어요. 그런데 그걸 지금부터 생각해봐야 해요? 일단은 공부가 더 급한 거 같은데요? 대학교 가면 다 알게 되는 거 아니었어요?”

“나 역시 그렇게 생각했었어. 고등학교 때는 막연히 CEO가 되고 싶다는 생각에 경영학과로 진학을 했지. 대학교에 진학하면 진로에 대한 명확한 청사진이 떠오를 거라 생각했거든. 그런데 막상 대학교에선 한동안 고생을 했단다. 경영학과에서 배우는 과목들에서 별다른 재미를 느끼지 못했거든.”

“저는 형이 경영학과 과목을 매우 즐기는 줄 알았는데.”

“유감스럽게도 그렇지는 않았어. 난 대학교를 졸업한 이 시

점에서야 내가 무엇을 좋아하고, 어떤 일을 하고 싶어하는지
알게 된 것 같아."

형은 매우 진지해보였고, 나는 그런 형의 모습에 깜짝 놀랐다.

"형, 그러면 대학 생활을 후회하세요?"

형이 방긋이 웃으며 이야기했다.

"아니, 대학생활에 대한 후회는 별로 없어. 그 가운데 만난
좋은 사람들과 멋진 경험들에 감사하고 있지. 그런데 아쉬운
것은 내가 하고 싶었던 공부가 무엇인지 진작 알았으면 좋았
을 거라는 점이야. 고등학교 때는 좋은 대학에 진학해야 한다
는 생각에만 사로잡혀서 나 스스로를 생각하는 데는 별다른
노력을 기울이지 못했던 것 같아."

옆에서 지켜보시던 이모부께서 웃으며 말씀하셨다.

"병훈아, 무슨 여기서도 공부 애기냐? 그런 건 홍민이도 나
이가 들면 자연스럽게 경험하게 되지 않겠니?"

형이 머리를 긁적이며 이야기 했다.

"제가 자리에 맞지 않게 무거운 이야기를 하고 있는 건가
요? 그런데 이제 한동안 홍민이를 만나지 못할 것 같아서요.
이 기회를 통해 진로와 관련된 이야기를 하고 싶거든요."

형은 나를 보며 다시금 이야기를 시작했다. 식탁에는 어느

덧 디저트가 나오고 있었다.

☆ ✦

"아무튼, 홍민이가 진정 하고 싶은 일과 전공을 구체화시키는 건 매우 중요한 일이야. 3월에 형과 함께 대략적인 목표 대학 지망표를 만들었잖아? 이제는 그런 점수 목표에서 벗어나서 홍민이가 진정 원하는 바를 찾아봐야 하는 거야."

형은 시원한 수정과를 마시며 말을 계속 이어나갔다.

"그런데 이러한 삶의 목표를 단기간 내에 찾기란 거의 불가능할거야. 다만, 공부하는 중간중간 머리가 복잡해질 때 한 번씩 생각해놓으렴. 홍민이가 삶에서 진정 이루고 싶은 일, 하고 싶은 일에 대해서 가끔 생각해보고, 글로 써보기도 하는 거야. 이 작업은 일찍 시작할수록 좋거든. 그만큼 너 자신에 대해 알아갈 수 있는 시간이 많아지는 거니까."

말을 마친 형은 가방에서 노트를 꺼내 아래와 같은 그림을 보여 주었다. 세 가지 원 그림이 있었고, 그림 아래에는 조그만 글씨들로 채워져 있었다.

"이상적인 직업과 일은 '좋아하는 일', '잘하는 일', '경제력을 창출할 수 있는 일' 이 세 가지의 교집합이 되어야 해. 그 교집합이 금방 떠오르진 않을 거야. 공부하는 틈틈이 위의 그림을 놓고 각각의 원을 채워보렴."

내가 다소 부담스럽다는 투로 이야기했다.

"형은 만날 때마다 뭔가 하나씩 던져주시네요."

"홍민아, 다 너를 위해서 그러는 거야. 알지?"

형이 장난기 어린 표정을 지으며 엽서를 건네주었다. 엽서의 뒷면에는 다음과 같은 말이 적혀 있었다.

미래의 꿈을 잉태하자고 강하게 외치고 싶다.
아기를 임신한 어머니는 반드시 아기를 낳는다.
마찬가지로 미래에 대한 크고 작은 꿈들을 잉태한 사람에게는 일정한 기한이 지나면 반드시 그 꿈을 해산할 날이 온다.
— 류태영 박사님의 〈언제까지나 나는 꿈꾸는 청년이고 싶다〉 중

'꿈이라…. 나의 꿈은 도대체 무엇일까?'

흥겨웠던 할아버지의 생신 모임은 끝나갔지만, 형과의 대화에서 나온 나의 고민과 물음은 이제 막 시작되고 있었다. 형과 이대로 헤어지기는 너무 아쉬웠다. 형에게 꿈과 목표와 관련된 이야기를 더 듣고 싶었다.

"형, 혹시 오늘 다른 약속 있어요?"

"아니. 약속은 없는데, 무슨 일 있니?"

형이 조금 피곤해 보였기에 망설여졌지만 지금 시기를 놓치면 안될 것 같다는 생각이 들었다.

“형이랑 좀 더 이야기하고 싶거든요.”

마침 옆에 계시던 엄마도 나를 거들어 말씀하셨다.

“그래, 홍민이가 묻고 싶은 게 더 있나봐. 이모가 맛있는 거 해줄 테니까, 이모네 집으로 가자. 괜찮지?”

형은 이내 웃으며 대답했다.

“좋아요. 사실 오랜만의 만남이라 그런지 저도 홍민이에게 하고 싶은 이야기가 많네요.”

좋아하는 것은 즐거워하는 것만 못하다

음식점에서 집으로 함께 온 형과 나는 좀 더 깊은 이야기를 나눌 수 있었다.

“형, 집으로 오는 길에 꿈에 대해 곰곰이 생각해봤어요. 저는 어려서부터 그림을 그리는 걸 매우 좋아했었거든요. 초등학교 때까지는 미술학원을 잘 다녔는데, 중학교 때 이후로 미술학원을 그만뒀어요.”

“그래? 좋아하는데 왜 그만둔 거야?”

“엄마가 중학교 때부터는 공부하라면서 미술학원을 다니지 못하게 하셨거든요. 미술을 더 하고 싶다고 하니 미술로는 먹고 살기 어렵다고 하셨어요.”

“아, 그러셨어? 홍민이 마음이 아팠겠다. 그런데 홍민이는 그림을 계속 그리고 싶나보구나.”

“네. 전 그림이 정말 좋거든요.”

“그래? 그러면 홍민이는 화가가 되고 싶은 거야? 아니면 미술 관련 일을 하고 싶은 거야?”

“음, 둘 다 좋긴 한데요…. 그림을 그리는 게 더 좋고 재미있어요. 그림 그릴 때면 시간 가는 줄 모르고 빠져들게 되거든요. 참, 초등학교 때 그림 그리기 대회에서 상을 많이 받았는데, 그때부터 그림에 관한 자신감이 많이 생기게 된 것 같아요.”

“그래. 그런데 그림을 그리는 것과 관련된 직업이 꼭 화가에만 국한된 건 아니야.”

“그러면요?”

“자동차라든지, 전자제품을 디자인하는 사람도 있고, 저 앞에 보이는 건물을 디자인하는 사람도 있고. 홍민이가 입고 있는 옷을 디자인하는 사람도 있지. 음식점 로고를 제작하는 사람도 있고. 우리 주변을 바라보며 꼽아본 직업만 해도 네 가지지? 이런 식으로 생각해보면 그림 그리는 것과 관련된 직업은 한없이 많아지는 거야. 대학교 전공만 해도 서양화, 동양화, 시각 디자인, 산업 디자인, 의류 디자인, 조소 디자인, 금속디자인, 건축 디자인, 실내 디자인 등으로 나뉘거든.”

“와~그림 그리는 것과 관련된 전공도 그렇게 많아요?”

“그럼, 미술이 생활 가운데 얼마나 많은 영향을 주고 있는데.”

“그런데, 이런 직업은 돈을 적게 받지 않나요? 요즘은 변호사, 의사 등 전문직이 대세라고 하잖아요”

“맞는 측면도 있고, 아닌 측면도 있지. 평균 연봉으로는 전문직 군의 연봉이 상당히 높지. 그렇지만 직업을 고려할 때는 경제력이라는 측면과, 직업 만족도를 같이 놓고 비교해야 돼. 어느 하나에만 치중하는 건 바람직하지 않아. 공자께서도 ‘지지자 불여호지자 호지자 불여락지자(知之者 不如好之者 好之者 不如樂之者)’라고 말씀하셨잖아?”

형의 이야기를 듣고 내가 폭소를 터뜨렸다.

“네? 지지자? 형 무슨 암호 말씀하신 거예요?”

형이 정색하며 이야기했다.

“이게 얼마나 유명한 말인데? ‘아는 것은 좋아하는 것보다 못하고, 좋아하는 것은 즐거워하는 것만 못하다’ 라는 뜻이야.”

“형, 그 말이야 많이 들어봤지요. 진작 좀 풀어서 얘기하시지.”

내가 연신 웃으며 대답했다.

“그래. 만족하면서, 즐겁게 일하려면 결국 자기가 좋아하는 일, 즐거워하는 일을 해야 돼. 아무리 많은 돈을 번다고 해도 ‘자기가 하고 싶지 않을 일’을 하는 게 얼마나 큰 고통인지 아니?”

“아직까지는 잘 모르겠어요. 일단은 돈을 많이 벌고 싶어서요.”

“이제 직업군은 점차 다양화되고 있어. 일 년에도 몇 천개의 새로운 직업이 생겨나고 사라지니까. 우리 어릴 때만 해도 대통령, 과학자, 의사, 교수, 연예인 등에서 크게 벗어나지 않았잖아. 그러니까 꿈의 폭이 좁아질 수 밖에 없었지. 아무튼 이런 상황 속에서 정말 중요한 건, 어떤 분야에서든지 ‘The only one’이 되는 거야.”

“The only one이요?”

“응. The only one이지. 하나님께서는 우리 각자에게 고유의 능력을 주셨잖아? 홍민이가 아니면 그 누구도 할 수 없는 일, 오직 너만이 할 수 있는 일을 찾아서 전문가가 되어야 하는 거지. 그게 바로 The only one 인거야.”

“그런데요, 그게 왜 좋아하는 일, 잘하는 일과 연관이 되어 있는 거죠?”

"왜냐하면 우리 각자가 지닌 재능이 바로 좋아하는 일, 잘하는 일로 발현되기 때문이지. 좋아하지도 않고, 잘하지도 못하는 분야에서 특출나게 두각을 나타낼 수 있을까? 결국 너만의 열정과 에너지는 잘하고, 좋아하는 일로 집중되기 마련이거든."

내가 만면에 화색을 띠며 이야기했다.

"그러면 저는 프로 게이머가 될래요. 저 스타크래프트 진짜 좋아하고, 잘하거든요."

형이 웃으며 이야기했다.

"벌써 하나 찾았구나. 그러면 스타크래프트에서 임요환을 이길 자신 있어?"

"에이, 절대 아니죠. 어떻게 이겨요?"

"그러면 국내 대회에서 50등 안에 들 자신은 있어?"

"말도 안 돼요. 전 그저 반에서 TOP3에 들 뿐이에요."

"홍민아, 비록 두 가지 조건은 충족이 되었어도 나머지 한 가지가 안 되잖아. 바로 경제력 창출 분야 말이야. 비록 프로 게이머들이 상금은 많이 받더라도 그 상금을 받는 사람은 얼마나 될까?"

"음, 10명 정도밖에 안 되네요? 직업 고려 시 경제력 창출이라는 분야를 잘 살펴봐야겠군요."

"그렇지. 그리고 그 세 가지 지점이 교차되는 부분을 찾는데에는 시간이 무지 오래 걸릴 거야. 오랜 기간 너 스스로를 관찰해야 하기도 하고, 수시로 생각이 바뀔 수도 있기 때문이야. 지금부터 부지런히 탐구해보렴. 일단은 세 가지 원과 관련된 생각이 날 때마다 수첩이나 일기장에 써보는 거야. 스스로에게 이런 질문을 던져보는 것도 좋아. '내가 어렸을 때 좋아했던 일들은 어떤 것이었을까?' '내가 잘해서 칭찬받은 일이 무엇이 있었을까?' 등의 질문들 말이야. 이렇게 탐구를 계속하다보면 일상 속에서도 어느 순간 '아, 나는 이런 일을 할 때 즐거워하는구나' 라든지, '난 이 일은 나와는 잘 맞지 않는 것 같아' 라는 생각들이 떠오를 거야. 이런 관찰과 느낌을 축적하며 세 가지 원의 교차점을 찾아가는 거지."

형이 왜 그렇게 세 가지 원을 강조하는지 조금씩 이해가 되는 것 같았다.

"형. 그러면요, 왜 지금 공부를 열심히 해야 되는 거예요? 어차피 공부랑 세 가지 원이랑은 전혀 상관이 없는 거잖아요."

"음, 그런 생각을 할 수 있지. 그런데 말이야, 직접적인 상관은 없지만 세 가지 원을 위해 꼭 필요한 게 공부야."

형은 계속 알쏭달쏭한 말만 하는 것 같았다.

"왜냐하면, 현재 고등학생 신분으로서는 세 가지 원의 교차점을 찾는 데 제약 사항이 무지 많아. 반면 대학교에 가면 상대적으로 경험할 수 있는 부분이 많이 있지. 일단 관심 분야인 전공 공부를 하게 되고, 관련 기업에서 인턴 경험도 할 수 있고, 방학 도중에도 필요한 것을 마음껏 배우기도 하고, 여러 경험을 쌓으며 너의 역량을 기를 수가 있거든."

"아, 형의 이야기를 들으니 저도 어서 대학생이 되고 싶어요. 대학생만 되면 정말 열심히 잘 자신이 있는데 말이에요."

형은 웃으며 내 어깨를 다독였다.

"그런 의미에서 한 가지 더 중요한 점이 있어."

"그게 뭔데요?"

"지금 최선을 다하지 않으면, 앞으로도 최선을 다하는 삶을 살 수 없다는 거지. 최선을 다하는 태도는 상황에 달려 있는 게 아니야. 지금 홍민이에게 주어진 과업은 공부지? 하지만 공부가 늘 재밌지는 않잖아. 그런데 이건 삶에서도 마찬가지야. 사람이 살아가면서 언제나 하고 싶은 일만 하며 살아갈 수는 없거든. 그것은 아무리 자신이 좋아하는 일을 한다고 해도 그래. 그 일에 포함되는 모든 요소요소가 다 좋을 수는 없어. 결국, 주어진 상황 가운데 삶의 이유와 의미를 찾고 최선을 다하는 게 중요한 거지. 나같은 경우는 중학교 때 교과목 공부가 별로 의미 없는 일이라고 생각했어. 특히 가정이나 기술, 지리, 수학 과목 같은 경우는 '대체 이 과목이 삶에서 무슨 쓸모가 있나' 라고 생각하며 공부를 하지 않았지. 그런데 고등학교 올라오니 생각이 변하더구나. 내가 이 과목 공부를 할 때에는 '교과목 공부' 자체를 한다기보다는 최선을 다하는 연습을 한다고 생각하고 공부를 했어. 그런데 신기하게도 이런 마음을 품고 공부를 열심히 하니 재미도 따라오더라고. 알아가는 재미, 발전하는 재미 등을 느끼게 되었지."

"저만 교과목들이 쓸모없다고 생각한 게 아니네요? 하긴 저는 늘 한 발짝 빼고 있었던 거 같아요. '지금은 일단 편하게 놀고 다음엔 잘해야지'라는 생각을 가졌었는데, 이 생각이 계속 반복되더라고요."

나는 한숨을 쉬었다. 하지만 형은 흐뭇한 표정으로 대답했다.

"그래. 홍민이가 이렇게 잘 이해해주니 고맙다."

"저도요. 학업 공부뿐 아니라, 이런 부분도 생각해야 되니 이제 컴퓨터 게임하는 시간을 줄여야겠어요."

"그래. 게임 말고도 할 수 있고, 해야 할 일들이 얼마나 많은데."

형의 얼굴엔 흐뭇한 미소가 가득했다.

이내 형은 말했다.

"홍민아, 이제 6월 중순이잖아? 형은 다음 주부터 인턴 활동을 시작하게 될 거야."

"우와~ 벌써요?"

"응. 직업을 정하기 전에 인턴 활동을 통해 내가 기업의 조직 문화와 잘 맞는지를 알아보려 하거든. 기업체에서는 처음 일해 보는 거라 '내가 잘 할 수 있을까?' 라는 걱정도 있지만 그곳에서 펼쳐질 가능성에 대해 많은 기대를 하고 있어."

"형, 그럼 이제 바빠지는 거예요?"

"얘기 들어보니까, 이것저것 할 일이 많더라고. 도중에 2박 3일간 연수도 가고 말이야."

내가 한숨을 크게 쉬자, 형이 내 등을 다독이며 얘기했다.

"홍민아, 왜 갑자기 한숨이야? 형이랑 영영 작별하는 것도 아니고 말이야."

"그렇긴 한데요. 그래도 형이랑 같이 만나고 얘기하면서 배운 점도 많고, 격려도 많이 받았거든요. 지금처럼 자주 못 만난다고 생각하니 서운하기도 하고 걱정도 돼서요. '혼자서 잘

할 수 있을까?' 라는 생각도 들고요."

"홍민아, 나도 그래. 이제 막 홍민이가 공부에 재미를 붙이기 시작했는데, 인턴 활동을 하게 돼서 형도 정말 많이 아쉬워. 그렇지만 형이 말하고 싶었던 것은 어느 정도 전달이 된 것 같아. 앞으로 이것들을 실천에 옮기는 건 홍민이의 몫이잖아? 이제 형은 한 발짝 물러서서 홍민이를 위해 기도하고 응원할게."

내가 고개를 끄덕이며 이야기했다.

"맞아요. 형이랑 함께 얘기하고 배웠던 것을 되새기면서 열심히 할게요. 하지만 바빠지더라도 저랑 잠깐씩 통화할 시간은 있겠죠?"

"물론이지. 그리고 인턴 끝난 뒤에도 홍민이를 만나서 다시 한 번 학습 방향을 점검할 수 있을 거야. 참, 우선 기말고사 준비를 잘해서 유종의 미를 거두어야겠지?"

나는 형의 눈을 바라보며 대답했다.

"네, 중간고사 이후로 쉬는 시간에 예습 복습을 꾸준히 했거든요. 그래서 그런지 준비할 분량은 지난번보다 줄어든 것 같아요. 이제 3주간 계획을 바탕으로 열심히 준비하려고요."

"그래. 열심히 준비하니 분명 좋은 결과 있을 거야. 그렇지만 성적이 생각만큼 오르지 않았다고 해서 너무 좌절하지는

마려무나. 지금은 홍민이가 실력을 차곡차곡 쌓아나가는 단계
잖아? 이번 시험은 홍민이의 실력을 점검하는 중간 단계라고
생각하는 거야. 어제보다 나은 오늘, 오늘 보다 나은 내일을
만드는 즐거움에 집중해봐.”

형이 말을 마치자, 밖에서 형을 부르는 소리가 들렸다. 시계
를 보니 벌써 11시가 다 되어가고 있었다.

“형, 공부하다가 궁금한 점 생기면 연락할게요.”

형이 방문을 열며 이야기했다.

“그래. 무엇보다도 목표를 잊지 말고 홍민이만의 꿈을 키워
봐. 꿈을 가진 사람에게는 반드시 그 꿈을 펼칠 날이 온다는
것을 명심하렴!”

나의 꿈은 세상을 향해

끝없이 이어질 것 같았던 여름방학도 종착지를 향해 빠르게 달려가고 있었다. 곧 2학기에 접어들었고, 친구들의 모습은 한층 차분해졌다. 저마다 굳은 각오와 함께 여름방학을 보냈기 때문일 것이다. 평소 산만하게 떠들던 친구들도 선생님 말씀에 집중하려고 애쓰는 모습이었다. 쉬는 시간에 자리를 뜨는 친구들도 별로 없었다. 그렇지만 이런 분위기는 오래가지 않았다. 중간고사를 마치자 교실 분위기가 점차 술렁이기 시작했다.

수능이 1년 정도밖에 남지 않았다는 압박감 때문이었을까? 열심히 노력했음에도 별로 상승하지 않는 내신 성적 때문이었을까? 벌써부터 재수를 이야기하는 친구들이 하나씩 생겨나기도 했다. 내신 성적이 괜찮은 친구들은 수시 전형 대비에 분주해지기 시작했고, 그렇지 않은 친구들은 자신의 모의고사 점수에 불안해하며 걱정스런 표정을 짓기 시작했다.

'형의 도움이 없었다면 난 지금쯤 포기했을지도 몰라'

형과 보냈던 시간들이 나에게는 더욱 고맙게 느껴졌다. 내신도, 수능도 갈팡질팡하며 감을 못잡던 나에게 공부의 큰 틀을 제시해주었기 때문이다. 다행히 주요 과목의 성적이 많이 향상되었다. 49점이었던 수학성적은 74점으로, 60점이었던 영어성적은 80점으로 뛰어오른 것이다. 포기하지 않고 물고 늘어졌던 수학 문제와의 지루한 씨름, 목이 아플 정도로 반복했던 교과서 읽기 등 형이 알려 준 노하우가 그 효과를 톡톡히 발휘한 것 같다. 사실 형의 가이드는 아주 기본적인 것이었다. 하지만 요령 피우거나 딴 생각하지 않고 형의 말대로 잘 따라간 스스로가 대견스러웠다. 특히 여름방학 내내 흐트러지기 쉬운 마음을 다잡아준 히딩크 감독의 말을 떠올리며 꾸준한 노력과 준비를 한 것이 좋은 결실로 이어지고 있다는 확신이 들었다. 매일 매일 1%씩의 향상 말이다.

더구나 성적표를 나눠주실 때 놀라시던 선생님의 표정을 보니 굉장히 뿌듯했다. 난 이 기쁨을 형과 함께 해야겠다고 생각했다. 형에게 내 성적표를 자랑스럽게 보여주고 싶었고, 방학 동안 꿈에 대해 생각했던 것들을 나누고 싶었다.

학교 야간 자율 학습실에서 공부를 하던 도중, 주머니 속에서 핸드폰 진동이 느껴졌다. 형의 문자였다. 오늘 회사에서 고등학교 근처로 출장을 나왔다고, 예상보다 일찍 끝났다며 잠깐 만날 수 있냐는 문자였다. 얼른 교복 재킷을 걸쳐입고 학교 밖으로 나왔다. 저 멀리서 형의 모습이 보였다. 멀리서 양복을 입고 넥타이를 맨 형의 모습은 많이 낯설었다. 하지만 나는 형에게 달려가 반갑게 인사했다.

"형, 진짜 오랜만이에요."

"그래. 한 3개월 만이지? 덕분에 학교에도 오랜만에 와보게 되었구나."

"그래도 학교는 변한 게 없죠? 형은 살이 좀 찐 거 같은데요?"

"응. 요즘 그런 얘기 많이 들어. 처음엔 힘들어서 조금 빠지기도 했었는데, 시간이 지나니까 점차 일에 익숙해지고 있어서 그런가봐. 어때? 공부는 할 만하고?”

“뭐, 그냥 열심히 하고 있지요.”

내가 머리를 긁적이며 이야기 했다.

형과 나는 학교 근처의 아이스크림 가게로 갔다. 주문을 하고 앉은 뒤 형이 이야기했다.

“이번에 중간고사 성적이 꽤 잘 나왔다면서? 어머니께서 요즘 홍민이가 공부 열심히 한다고 칭찬이 자자하시던데?”

“아, 엄마가 벌써 이야기했구나. 제가 형한테 직접 만나서 이야기하려고 일부러 말하지 않았어요. 저, 여름방학 때 진짜 공부 열심히 했었거든요. 사실 ‘이렇게 공부해도 성적이 잘 안 오르면 어떻게 하지?’라는 생각 때문에 걱정이 많았는데, 성적이 잘 나와서 다행이에요.”

형은 대견하다는 표정과 함께 엄지손가락을 올렸다.

“정말 다행이다. 형도 홍민이가 자신감과 용기를 가질 수 있도록 도와달라고 기도했거든. 홍민이가 이렇게 잘 적응하고 있는 거 보니 기도의 응답이 이루어진 것 같아 감사하네.”

형이 활짝 웃으며 이야기했고, 난 형이 기도했다는 말에 괜스레 코끝이 찡해졌다.

“형, 보여드리고 싶은 게 있어요.”

난 주머니에서 A4 용지 한 장을 꺼내들었다. 방학 전에 형이 얘기해준 세 가지 원이 그려진 종이였다.

"형과 궁극적인 꿈과 목표에 대해 말한 날 후로 종이를 주머니 속에 넣어갖고 다니면서 제 특징이 생각날 때마다 원 안에 글씨를 적어나갔어요. 그래서 이제는 원이 꽉 찰 정도가 되었어요."

"우리 홍민이, 대단하구나! 형도 상당한 시간이 걸린 일인데 벌써 이렇게 작성을 했단 말이야?"

형은 기쁜 기색이 만연하여 나를 바라보았다. 형이 이렇게 좋아하는 모습을 보니 이 종이를 갖고 나오길 참 잘했다는 생각이 들었다.

"이번 여름방학 때 미술 분야로의 진로 선택을 앞두고 굉장히 많은 고민을 했었거든요. 그림을 전공하고 싶다는 바람은 있지만 '괜히 내가 공부하기 싫어서 그러는 건 아닐까?' 라는 생각도 들고, '내가 과연 잘 할 수 있을까?' 라는 의심도 들었어요. 무작정 선택해선 안 될 것 같더라고요. 그래서 매일 20분 정도씩 시간을 정한 뒤 세 가지 원을 채워나갔어요."

"그랬었구나. 이 그림을 보니 홍민이의 고민과 노력이 전해지는 것 같아."

"네. 지금 결정할 시기를 놓치면 늦는다는 절박함이 있었기 때문에 가능했던 것 같아요. 처음에는 책상 앞에서 멍하니 며칠을 지내기도 했어요. 애써 생각해도 잘 안 떠오르고, 떠올랐다 해도 썼다, 지웠다를 반복했지요. 그런데 한 1주일 정도 지나고 나니까 조금씩 생각이 정리되더라고요. 과거에 있었던 일들도 떠올랐고요."

"그래? 예를 들면 어떤 일들?"

"전 초등학교 때 미술 선생님으로부터 관찰력과 눈썰미가 뛰어나다는 칭찬을 많이 들었거든요. 그런데 생각해보니 어렸을 때 동네 놀이터에 앉아 곤충이나 식물을 몇 십분 씩 관찰했던 일이 떠오른 거예요. '아, 이때의 경험이 내 관찰력을 향상시킨 게 아닐까?' 라고 연결지어 생각해볼 수 있었어요."

"정말 대단한데? 홍민이의 재능을 어린 시절의 경험과 연결시켜 보았구나? 그건 홍민이의 재능을 찾는 아주 좋은 방법이야. 유명한 교육 운동가이신 파커 J. 파머 박사님 같은 분은 우리의 고유한 재능이나 특성을 발견하려면 어린 시절의 모습을 주목해야 한다고 주장하시거든. 홍민이가 엄청난 작업을 해냈구나."

놀라워하는 형을 보며 난 말을 계속 이어나갔다.

"얼마 전에는 부모님께 '디자인 분야에 관심이 있다'고 말씀드렸었거든요. 처음엔 반신반의 하던 부모님께 이 종이와 모의고사 성적표를 보여드리면서 제가 진지하게 생각하고 있다는 사실을 알려 드렸어요. 그랬더니 아버지께서 흐뭇한 표정 지으시면서 '우리 아들 다 컸구나. 네가 하고 싶은 거 해봐라'라고 말씀하시더라고요."

난 당시의 장면이 생각나서 뿌듯한 표정을 지으며 형에게 이야기했다.

"홍민이, 정말 대단하다. 홍민이가 단기간에 이렇게 변화할 줄이야. 형이 뭐 달리 할 말이 없을 정도야."

"형이 없었으면 이런 생각을 할 수 없었을 거예요."

형은 활짝 웃었다. 형은 진심으로 기뻐해주었다.

"그러면 오늘은 형이 이 얘기만 하면 될 거 같다. 혹시 채규철 선생님이라고 알아?"

내가 고개를 저으며 대답했다.

"아니요. 잘 모르겠는데요."

"그렇구나. 두밀리 자연 학교의 교장 선생님이셨는데, 엄청난 삶을 사신 분이야."

형은 말을 마치자 가방에서 책 한 권을 꺼내 보여주었다.

"《사명을 다하기까지는 죽지 않는다》. 책 제목이 좀 무겁네요. 그 분께서 쓰신 책이에요?"

형은 고개를 끄덕였고 책의 뒷면을 가리키며 나에게 읽어보라고 했다.

우리는 언젠가 이 세상을 떠납니다. 이것은 하늘의 준엄한 철칙이죠. 중요한 것은 떠나는 것이 아니라 떠나기 전에 뭔가를 남겨둬야 한다는 것입니다. 그렇다면 우리는 무엇을 세상에 남겨둬야 할까요? 멋진 예술작품은 어떨까요? 놀라운 과학적 업적은? 그것들은 훌륭한 유산일 수는 있지만 가장 위대한 유산은 아닙니다. 그렇다면 우리가 남길 수 있는 가장 위대한 유산은 무엇일까요? 그것은 스토리입니다. 어떠한 현실 속에서도 절망하지 않고 이겨내서 멋지고 아름다운 인생을 사는 것입니다. 저는 그것이 인간이 남길 수 있는 가장 위대한 유산이라고 생각합니다.

"위대한 유산은 스토리라고요?"

책을 훑어본 나는, 겉표지 뒤쪽의 저자 소개를 살펴보았다. 순간 나는 화들짝 놀랐다. 그 곳에는 얼굴이 화상으로 흉측하게 변한 할아버지가 있었다.

"사진을 보니 좀 놀랍지? 형도 처음에 책을 봤을 때 많이 놀랐었어."

형은 몇 페이지를 넘겨 또 다른 사진을 보여주었다.

"이 사진은 채규철 교장 선생님께서 화상을 입기 전 찍으신 사진이야."

형이 보여준 페이지에는 자신감 있는 청년의 흑백 사진이 한 장 담겨 있었다. 사진을 본 내가 물었다.

"형, 설마 동일 인물이에요?"

"응. 둘 다 채규철 선생님의 사진이야. 덴마크 유학을 마친 뒤, 한국 최초의 의료보험조합인 청십자 의료보험조합을 설립하고 활발히 활동하실 무렵 자동차 사고를 당하셨거든. 그때 전신에 화상을 입었고, 6개월 동안 스물일곱 차례나 수술을 받으셨어. 보통 사람이었으면 좌절 속에서 살았을 거야. 그런데 채규철 선생님은 좌절하거나 포기하지 않고 두밀리 자연학교를 설립해서 아이들에게 자연의 소중함을 전하셨어. 처음엔 외모를 보고 무서워하던 아이들도 채규철 선생님과 시간을 보내고 나서는 선생님을 신뢰하며 곧잘 따랐대. 아이들은 채규철 선생님께 'ET 할아버지'라는 별명을 붙여주었다는구나.”

과연 아이들이 ET라고 부를 만한 외모였다. 온통 일그러진 얼굴이 낯설고 어색했다. 하지만 그런 절망 속에서도 아이들에 대한 변함없는 사랑과 교육에 대한 헌신으로 모두를 스스럼없이 대한 그 분에 대한 경외감이 생기는 것 같았다.

형은 나에게 책의 뒷면에 실린 글을 다시 한 번 보여주었다.

'어떠한 현실 속에서도 절망하지 않는다'

“어때? 채규철 선생님의 삶을 알고 이런 글을 보니 더 새롭게 느껴지지 않니?”

다시 한 번 글을 읽을 때는 감탄사가 절로 나왔다.

“그 의미가 정말 깊이 다가오는데요?”

“그렇지? 채규철 선생님께서 직접 그러한 삶을 사셨기에 그 말씀에 엄청난 힘이 담겨 있는 거야.”

형은 나의 눈을 유심히 살펴보았다.

“홍민아, 지금까지 정말 잘해왔고 앞으로도 그럴 거라고 믿어. 그렇지만 삶에선 언제나 웃을 일만 생기지는 않을 거야. 때로는 절망 가운데 한숨을 쉴 때도 있고, 때로는 실패도 하고, 스스로에게 많이 실망할 때도 있을 거야. 이런 일은 살아가면서 누구나 겪게 되는 일이거든. 수험 생활을 하면서도 힘든 상황은 얼마든지 찾아와. 그렇지만 그럴 때마다 포기하지 말고, 그 순간을 긍정적으로, 그리고 희망으로 이겨냈으면 좋겠어.”

형이 다른 말을 꺼내기 전에 내가 밝게 말했다.

“그러면서 아름다운 나의 스토리를 남기는 거겠죠?”

“그럼. 홍민이가 변화한 모습들과 성장하는 모습은 분명 홍민이 동생이나 후배들에게 희망을 주는 스토리로 남게 될 거야. 높은 성적, 일류 대학도 좋지만 세상의 빛과 소금으로서 희망과 도움을 주는 사람이 되었으면 좋겠구나.”

내가 잠시 생각한 뒤 이야기를 계속했다.

"정말 형 얘기처럼 후배들에게 희망을 주고 싶어요. '난 머리도 안 좋고, 기초 실력도 부족했지만 이렇게 할 수 있었다. 너희들도 결코 늦었다고 포기하지 말아라' 이렇게요."

"그래. 형도 그러한 스토리가 전해지기를 기대해볼게."

형은 내게 책을 건네주었다.

"홍민아, 이건 형이 주는 선물이야. 채규철 선생님의 스토리를 직접 읽어보렴. 어느 누구보다도 절망 속에 있던 한 사람의 치열하고도 아름다운 삶의 이야기가 많은 도움이 될 거야."

"네! 형, 고마워요. 더욱 힘을 내야겠어요."

나는 채규철 할아버지의 사진을 다시 바라보며 스토리를 남기라는 말을 떠올렸다. 나만의 스토리. 앞으로 사람들에게 전해줄 나만의 스토리를 생각하자 가슴이 뜨겁게 벅차오르기 시작했다.

"저는 이제서야 목표를 정립하는 즐거움, 하루하루 발전하는 즐거움을 알아가는 것 같아요. 예전에는 '나는 왜 이것밖에 못할까? 내가 지금부터 한다고 무엇이 바뀔까?'라는 자포자기의 마음이었거든요. 지금까지 제 생활에 대한 아쉬움과 후회도 많이 생기지만요, 그렇기 때문에 앞으로 더 노력하려고요."

"정말 감사한 일이다. 홍민이의 변화는 주변에도 긍정적인 영향을 미칠 수 있을 테니까.”

“안 그래도 제 가족들이 저의 변화를 가장 많이 접했잖아요? 그런데 그 변화에 가장 많이 영향을 받는 건 제 동생이에요. 예전에는 저랑 같이 게임하고 만화책을 봤었는데, 제가 책상에 앉아 공부하고 성적도 올라서 칭찬도 받으니 동생도 자극이 많이 되나봐요. 어제는 수학 문제집을 갖고 와서 모르는 문제를 물어봤어요. 순간 감사하면서도 무척 뿌듯하더라고요.”

형은 그런 내 모습이 흐뭇했는지 연신 밝은 웃음을 지었다.

“홍민이가 집안 분위기를 바꾸는 분위기 메이커가 되었구나. 요즘 너희 어머니 표정이 매우 밝아지신 거 느끼고 있었어?”

내가 자못 놀라며 되물었다.

“정말이요? 전 못 느끼고 있었는데.”

“아마 너한텐 내색을 잘 안 하셨기 때문일 거야. 예전엔 홍민이 얘기만 나와도 표정이 어두워지고 한숨만 푹푹 내쉬셨는데, 요즘엔 너의 변화에 대해 신나게 말씀하시더라고.”

내가 엄마에게 그렇게 걱정을 끼쳤다는 사실이 놀라웠고 죄송스러운 마음이 들었다.

“홍민아, 지금의 변화로 인해 가족의 분위기가 바뀌잖아? 홍민이가 앞으로 지금처럼 노력할 경우에 홍민이의 스토리가 이 세상에 어떤 변화를 미칠지 잘 생각해보렴. 왜 채규철 할아버지가 가장 위대한 유산은 스토리라고 했는지 알겠니? 한 사람의 아름다운 스토리는 그 이야기를 접한 사람의 인생을 변화시킬 수 있는 위대한 힘을 갖고 있거든."

나의 변화로 인해 우리 가족까지 변한 것을 생각해보니 형의 말이 가슴 깊이 와닿았다.

"아무것도 할 수 없을 것 같던 제가 세상에 영향력을 미칠 수 있다는 생각만 해도 짜릿하고 감격스러워요. 제가 좋아하는 디자인을 통해서 제 동생뿐 아니라 공부로 인해 힘들어하는 학생들을 격려하고 희망을 주고 싶어요."

"우리 홍민이, 대단하다 대단해. 그 결심 잊지 말고 최선을 다하렴!"

형과 나는 가게 문을 힘차게 나섰다. 나의 가능성을 발견하고 비전을 새롭게 할 수 있던 행복한 수업에 감사하며, 쏟아지는 석양 아래서 형과 나는 어느 때보다도 힘차고 빛나는 하이파이브를 했다.

한언의 사명선언문

Since 3rd day of January, 1998

Our Mission – • 우리는 새로운 지식을 창출, 전파하여 전 인류가 이를 공유케 함으로써 인류문화의 발전과 행복에 이바지한다.

– • 우리는 끊임없이 학습하는 조직으로서 자신과 조직의 발전을 위해 쉼없이 노력하며, 궁극적으로는 세계적 컨텐츠 그룹을 지향한다.

– • 우리는 정신적, 물질적으로 최고 수준의 복지를 실현하기 위해 노력하며, 명실공히 초일류 사원들의 집합체로서 부끄럼없이 행동한다.

Our Vision   한언은 컨텐츠 기업의 선도적 성공모델이 된다.

저희 한언인들은 위와 같은 사명을 항상 가슴 속에 간직하고
좋은 책을 만들기 위해 최선을 다하고 있습니다.
독자 여러분의 아낌없는 충고와 격려를 부탁드립니다.
• 한언 가족 •

HanEon´s Mission statement

Our Mission – • We create and broadcast new knowledge for the advancement and happiness of the whole human race.

– • We do our best to improve ourselves and the organization, with the ultimate goal of striving to be the best content group in the world.

– • We try to realize the highest quality of welfare system in both mental and physical ways and we behave in a manner that reflects our mission as proud members of HanEon Community.

Our Vision   HanEon will be the leading Success Model of the content group.